BIBLIOTHÈQUE D'ÉDUCATION NATIONALE

HONNEUR ET PATRIE

A TRAVERS LES AGES

MORALE ET PATRIOTISME

CHEZ LES PHILOSOPHES ANCIENS ET MODERNES

« Je m'en vais scrutant avec mes amis tous les trésors que les anciens sages nous ont laissés par écrit dans leurs livres, et si j'y trouve quelque chose de bon, j'en fais mon profit. »

(SOCRATE.)

« Vivre avec honneur et pour la Patrie. »

PARIS

LIBRAIRIE PICARD-BERNHEIM ET Cie

11, RUE SOUFFLOT, 11

HONNEUR ET PATRIE

A TRAVERS LES AGES

HONNEUR ET PATRIE

A TRAVERS LES AGES

MORALE ET PATRIOTISME

CHEZ LES PHILOSOPHES ANCIENS ET MODERNES

« Je m'en vais scrutant avec mes amis tous les trésors que les anciens sages nous ont laissés par écrit dans leurs livres, et si j'y trouve quelque chose de bon, j'en fais mon profit. »

(SOCRATE.)

« Vivre avec honneur et pour la Patrie. »

PARIS

LIBRAIRIE PICARD-BERNHEIM ET Cie

11, RUE SOUFFLOT, 11

Tout exemplaire non revêtu de notre signature sera réputé contrefait.

Ricard-Bernheim & Cie

HONNEUR ET PATRIE

A TRAVERS LES AGES

CHAPITRE PREMIER

VERTUS — DEVOIRS — QUALITÉS DU CŒUR ET DE L'ESPRIT

« Fais ce que dois, advienne que pourra. »

« Les maximes des hommes décèlent leur cœur. »
VAUVENARGUES.

DE LA VIE HEUREUSE (1)

— Vivre heureux, mon frère Gallion, voilà ce que veulent tous les hommes ; quant à bien voir ce qui fait le bonheur, quel nuage sur leurs yeux ! Et il est si difficile d'atteindre à la vie heureuse, qu'une fois la route perdue, on s'éloigne d'autant plus du but qu'on le poursuit plus vivement ; toute marche en sens contraire ne fait par sa rapidité même qu'ac-

---

(1) Œuvres complètes de Sénèque le philosophe. Traduction de J. Baillard (Hachette, éditeur). Voir dans cette belle traduction l'intéressante préface de Sénèque.

croître l'éloignement. Il faut donc, avant tout, déterminer où nous devons tendre, puis bien examiner quelle voie peut y conduire avec le plus de célérité. Nous sentirons, sur la route même, pourvu que ce soit la bonne, combien chaque jour nous aurons gagné et de combien nous approcherons de ce but vers lequel nous pousse un désir naturel. Mais tant qu'on marche à l'aventure, sans suivre de guide que les vagues rumeurs et clameurs contradictoires qui nous appellent sur mille points opposés, la vie se consume en vains écarts, cette vie déjà si courte, quand on donnerait les jours et les nuits à l'étude de la sagesse. Déterminons donc bien où et par où nous devons aller, non sans quelque habile conducteur qui ait exploré les lieux que nous avons à traverser. Ce voyage est tout autre que les voyages ordinaires où un sentier bien choisi, les gens du pays qu'on interroge empêchent qu'on ne s'égare ; ici le chemin le plus battu, le plus fréquenté est celui qui trompe le mieux. Ainsi, par-dessus tout, gardons-nous de suivre en stupide bétail la tête du troupeau, et de nous diriger où l'on va plutôt qu'où l'on doit aller. Or, il n'est rien qui nous jette en d'inextricables misères comme de nous régler sur le bruit public, regardant comme le mieux ce que la foule applaudit et adopte, ce dont on voit le plus d'exemples, et vivant non pas d'après la raison, mais d'après autrui. De là, ce vaste entassement d'hommes qui se renversent les uns sur les autres. Comme en une déroute générale où, les masses se refoulant sur elles-mêmes, nul ne tombe sans faire choir quelque autre avec lui ; les premiers entraînent la perte de ceux qui suivent ; de même dans tous les rangs de la vie nul ne s'égare pour soi seul ; on est la cause, on est l'auteur de l'égarement des autres. Car il n'est pas bon de s'attacher à ceux qui marchent devant; et comme chacun aime mieux croire que juger, de même au sujet de la vie jamais on ne juge, on croit toujours; ainsi nous joue et nous précipite l'erreur transmise de main en main, et l'on périt victime de l'exemple. Nous serons guéris à condition de nous séparer de la foule; car tel est le peuple : il tient ferme contre la raison, il défend le mal qui le tue. Aussi arrive-t-il ce qui a lieu dans les comices où, les préteurs à peine élus, les électeurs même s'étonnent de leur choix, quand la mobile faveur a fait volte-face. On approuve et on blâme tour à tour les mêmes choses; telle est l'issue de tout jugement où la majorité décide.

II. — Quand c'est de la vie heureuse qu'il s'agit, ne va pas, comme lorsqu'on se partage pour aller aux voix, me répondre : « Ce côté-ci paraît le plus nombreux. » Par là même il est moins sage. L'humanité n'est pas tellement favorisée que le meilleur parti plaise au plus grand nombre; le pire se reconnaît à la foule qui le suit. Cherchons ce qu'il y a de mieux à faire, non ce qui est le plus habituel, ce qui met en possession d'une félicité stable, non ce qu'approuve le vulgaire, le plus sot interprète de la vérité, et j'entends par vulgaire aussi bien le chœur en chlamydes que les porteurs de couronnes. Car ce n'est pas à la couleur du vêtement dont le corps s'enveloppe, que s'arrêtent mes yeux; je ne juge pas l'homme sur leur témoignage. J'ai un flambeau meilleur et plus sûr pour démêler le faux du vrai. Le mérite de l'âme, c'est à l'âme de le trouver. Oh! si jamais il lui était loisible de respirer et de se retirer en elle-même et de s'imposer

une torture salutaire, comme elle se confesserait la
vérité et s'écrierait : « Tout ce que j'ai fait jusqu'ici,
j'aimerais mieux ne l'avoir point fait; quand je me
rappelle tout ce que j'ai dit, je porte envie aux êtres
muets; tous les vœux que j'ai formés sont à mes
yeux des imprécations d'ennemis; tout ce que j'ai
craint, ô dieu! m'eût valu mieux mille fois que ce
que j'ai désiré! J'ai eu des inimitiés avec bien des
hommes; puis de la guerre je suis revenu à la
paix, s'il est une paix possible entre méchants, et je
n'ai pu encore rentrer en grâce avec moi-même. Je
me suis consumé en efforts pour me tirer des rangs
du vulgaire, pour me signaler par quelque mérite;
qu'ai-je obtenu, que de m'exposer aux traits de la
malveillance, que d'indiquer où l'on me pouvait
mordre? » Ces hommes que tu vois préconiser l'éloquence, courtiser la fortune, adorer le crédit, exalter
le pouvoir, sont tous des ennemis ou, ce qui revient au
même, peuvent le devenir. Tout ce grand nombre
d'admirateurs n'est qu'un grand nombre d'envieux.

III. — Pourquoi ne pas chercher plutôt un bien
qui profite, qui se sente, non un bien de parade?
Ces choses qui font spectacle, qui arrêtent la foule,
que l'on se montre avec ébahissement, brillantes
à l'extérieur, ne sont au fond que misères. Je veux
un bonheur qui ne soit pas pour les yeux, je le
veux substantiel, partout identique à lui-même et
que la partie la plus cachée en soit la plus belle;
voilà le trésor à exhumer. Il n'est pas loin, on
peut le trouver, il ne faut que savoir où porter
la main. Mais nous passons à côté, comme dans
les ténèbres, nous heurtant même contre l'objet
désiré.

Pour ne pas te traîner par des circuits sans fin, j'omettrai les doctrines étrangères, qu'il serait trop long d'énumérer et de combattre. Voici la nôtre à nous; et quand je dis la nôtre, ce n'est pas que je m'enchaîne à un chef quelconque de l'école stoïcienne: j'ai droit aussi de parler pour mon compte. Ainsi je serai de l'opinion de tel, j'exigerai que tel autre divise la sienne; et peut-être, appelé moi-même le dernier, sans improuver en rien les préopinants, je dirai : « Voici ce que j'ajoute à leur avis. » Du reste, d'après le grand principe de tous les stoïciens, c'est la nature que je prétends suivre : ne pas s'en écarter, se former sur sa loi et sur son exemple, voilà la sagesse. La vie heureuse est donc une vie conforme à la nature; mais nul ne saurait l'obtenir, s'il n'a préalablement l'âme saine et en possession constante de son état sain; si cette âme n'est énergique et ardente, belle de ses mérites, patiente, propre à toute circonstance, prenant soin du corps et de ce qui le concerne, sans anxiété toutefois, ne négligeant pas les choses qui font le matériel de la vie, sans s'éblouir d'aucune, et usant des dons de la fortune sans en être l'esclave. On comprend, quand je ne le dirais pas, que l'homme devient à jamais tranquille et libre, quand il s'est affranchi de tout ce qui nous irrite ou nous terrifie. Car en place des voluptés, de toute chose étroite et fragile qui flétrit l'homme en le perdant, succède une satisfaction sans bornes, inébranlable, toujours égale; alors l'âme est en paix, en harmonie avec elle-même, et réunit la grandeur à la bonté. Toute cruauté en effet vient de faiblesse. . . . .
. . . .

IV. — ..... « Le souverain bien, c'est une âme qui

1.

dédaigne toute chose fortuite, et qui fait sa joie de la vertu ; » ou bien : « C'est l'invincible énergie d'une âme éclairée sur toutes les choses de la vie, calme dans l'action, toute bienveillante et du commerce le plus obligeant. ».....

..... — « Celui-là est heureux pour lequel il n'est de bien ou de mal qu'une âme bonne ou dépravée ; qui cultive l'honnête, et, content de sa seule vertu, ne se laisse ni enfler ni abattre par les événements ; qui ne connaît pas de plus grandes délices que celles qu'il puise dans son cœur, et pour qui la vraie volupté est le mépris des voluptés. » . . . . . .

. . . .

V. — Or tu vois quel misérable et funeste esclavage devra subir l'homme que le plaisir et la douleur, les plus capricieux despotes et les plus passionnés, vont se disputer tour à tour. Élançons-nous donc vers la liberté que rien ne donne, hormis l'indifférence pour la fortune ? Alors commencera ce bonheur inappréciable, ce calme d'un esprit retiré en un asile sûr, d'où il domine tout ; alors plus de terreurs, la possession du vrai nous remplira d'une joie immense, inaltérable, et de sentiments affectueux et expansifs que nous savourerons moins comme des biens, que comme les fruits d'un bien qui est en nous . . . .

. . . .

VII — ..... La vertu est quelque chose de grand, de sublime, de souverain, d'invincible, d'infatigable ;..... le souverain bien est impérissable ; il ne sort pas du cœur où il règne, il n'a ni satiété, ni repentir. Car une conscience droite ne dévie jamais, n'est jamais odieuse à elle-même, n'a rien changé à ses principes parce qu'elle a toujours suivi les meilleurs.

SÉNÈQUE. *Traduction de* J. BAILLARD.

* *

« Mais si nous ne délivrons notre cœur du mal, quels combats, quels dangers n'avons-nous pas à soutenir, et sans profit ! Que de soucis inquiets viennent travailler l'homme et le déchirer au milieu des passions ! que de craintes, en outre ! Que de fois triomphent de lui l'orgueil, la luxure, l'emportement ! Et le luxe, et l'oisiveté ! »

LUCRÈCE, *De la nature des choses*, chant v, p. 209, *trad*. E. LAVIGNE.

* *

« Nos plus sûrs protecteurs sont nos talents. »

VAUVENARGUES, *Réflex. et Max.*, LXXXVI.

* *

Socrate trouvait que le souverain bien pour l'homme était « le *bonheur* du *bien-faire* ». — « Rencontrer par hasard, sans le chercher, *ce qu'il faut*, c'est de la bonne chance ; mais *bien faire* quelque chose après *étude* et *exercice*, c'est de la *bonne conduite*, et ceux qui s'appliquent à cela me semblent heureux. »

Trad. FOUILLÉE.

* *

« Remplissez-vous l'esprit d'images nobles et vertueuses. »

CICÉRON, *Tusc. quæst.*, II, 22.

* *

« La politesse de l'esprit consiste à penser des choses honnêtes et délicates. »

LA ROCHEFOUCAULD, *Max*. XCIX.

« C'est avec raison que nous nous glorifions de notre vertu ; ce qui ne serait point, si nous la tenions d'un dieu, et non pas de nous-mêmes. »

CICÉRON, De Nat. Deor., III, 36.

* * *

« L'action la plus juste n'est juste qu'autant qu'elle est volontaire. »

CICÉRON, De Offic. I, 9.

* * *

« C'est être véritablement honnête homme, que de vouloir être toujours exposé à la vue des honnêtes gens. »

LA ROCHEFOUCAULD, Max. CCVI.

* * *

« Conduisez-vous toujours avec la même retenue que si vous étiez observé par dix yeux et montré par dix mains. »

CONFUCIUS.

* * *

« La parfaite valeur est de faire sans témoin ce qu'on serait capable de faire devant tout le monde. »

LA ROCHEFOUCAULD, Max. CCXVI.

* * *

« Conservez toujours néanmoins avec tout le monde la douceur de vos sentiments. Faites-vous une étude de la patience, et sachez céder par raison, comme on cède aux enfants qui n'en sont pas capables et ne peuvent vous offenser. Abandonnez surtout aux hommes vains cet empire extérieur et ridicule qu'ils affectent: il n'y a de supériorité réelle que celle de la vertu et du génie . . . .

Les hommes se croient supérieurs aux défauts qu'ils peuvent sentir; c'est ce qui fait qu'on juge dans le monde si sévèrement des actions, des discours, et des écrits d'autrui . . . .

Au reste, s'ils (les hommes) sont dans le secret de vos affaires ou de vos faiblesses, n'en ayez jamais de regret. Ce que l'on ne confie que par vanité et sans dessein, donne un cruel repentir; mais lorsqu'on ne s'est mis entre les mains de son ami que pour s'enhardir dans ses idées, pour les corriger, pour tirer du fond de son cœur la vérité, et pour épuiser par la confiance les ressources de son esprit, alors on est payé d'avance de tout ce qu'on peut en souffrir. »

> VAUVENARGUES, *Conseils à un jeune homme sur l'empressement des hommes à se rechercher et leur facilité à se dégoûter.*

Il est bon d'être ferme par tempérament, et flexible par réflexion.

> VAUVENARGUES, *Réfl. et Max.* CXCI.

« Le plaisir du corps a des bornes, mais le désir que nous avons de nous éterniser les fait passer; néantmoins nous avons un esprit, lequel faisant un bon raisonnement sur la fin que se doit proposer le corps, et luy faisant abandonner cette passion de l'éternité, nous a donné une vie bien-heureuse, et à tant fait que nous ne cherchons plus l'immortalité. Et mesme cette vie n'est pas sans plaisir, lorsque nostre condition nous en fait sortir, comme ayant atteint au but d'une vie parfaite. »

ÉPICURE, d'après DIOGÈNE LAERCE, *trad.* BOI-
LEAU. — 1608.

.•.

« Soyez donc parfait. »

J. C., *Év. S. Mat.*, *ch.* v, *v.* 48.

.•.

« Abstention de tout péché, pratique constante de toutes les vertus, domination absolue de son propre cœur, tel est l'enseignement du Bouddha. » (1)
(Stance qui résume la doctrine de Siddhârtha appelé Cakyamouni.)

.•.

Voici ce que Xénophon dit de Socrate dans les *Mémorables*, IV, v :
« Croyant que l'empire sur soi est un bien pour celui qui a quelque chose de beau à faire, il (Socrate) s'y exerçait d'abord lui-même plus que tout autre homme aux yeux de ses disciples; puis dans ses entretiens il tournait principalement l'attention de ses disciples vers l'empire sur soi..... »
Dans un entretien il dit à Euthydème :
« Dis-moi, Euthydème, est-ce, à ton avis, le plus beau et le plus grand des biens, pour le citoyen et la cité, que la liberté? — Oui, certes. — Mais celui qui est dominé par les plaisirs du corps, et qui,

---

(1) Les ouvrages consultés sur le Bouddhisme sont ceux de MM. Barthélemy Saint-Hilaire et E. Burnouf.

grâce à eux, ne peut faire ce qu'il y a de meilleur, le crois-tu libre? — Nullement. — Sans doute parce que la liberté te semble consister à faire ce qu'il y a de mieux, et qu'au contraire ce n'est point être libre d'avoir en soi des maîtres qui vous empêchent de bien faire. — Absolument. — Donc ceux qui ne sont point maîtres d'eux-mêmes te paraissent absolument *non libres?* — Oui, par Jupiter, et à juste titre. — Crois-tu que ceux qui ne sont pas maîtres d'eux-mêmes soient seulement *empêchés* de faire le bien, ou ne sont-ils pas encore *forcés* de faire le mal? — Ils ne sont pas moins forcés au mal que détournés du bien.....

« L'intempérance ne détourne-t-elle pas l'homme de la sagesse, le plus grand des biens, et ne le jette-t-elle pas dans le vice contraire? Ne l'empêche-t-elle pas de s'appliquer aux choses avantageuses et de les apprendre, en l'entraînant vers les choses agréables; et souvent, lui enlevant par le vertige le sentiment des biens et des maux, ne lui fait-elle pas choisir le pire au lieu du meilleur? — Il est vrai. — Et quel homme participe moins à la sagesse pratique que celui qui n'est point maître de lui-même? »

Trad. Fouillée. Ch. Delagrave, *édit.*

*
* *

« Celui-là est très puissant, qui est au pouvoir de soi-même. »

Sénèque, *Epist.* 90.

*
* *

« Une grande âme est au-dessus de l'injure, de l'injustice, de la douleur, de la moquerie; et elle serait invulnérable, si elle ne souffrait par la compassion. »

La Bruyère, *Car. de l'homme,* ch. XI.

« Un bon cœur penche vers l'indulgence; un cœur
étroit ne dépasse pas la patience et la résignation. »

CONFUCIUS.

* *

Rien n'engage tant un esprit raisonnable à supporter des parents et des amis les torts qu'ils ont à
son égard, que la réflexion qu'il fait sur les vices de
l'humanité, et combien il est pénible aux hommes
d'être constants, généreux, fidèles, d'être touchés
d'une amitié plus forte que leur intérêt.

Comme il connoist leur portée, il n'exige point
d'eux qu'ils pénètrent les corps, qu'ils volent dans
l'air, qu'ils aient de l'équité : il peut haïr les hommes
en général, où il y a si peu de vertu; mais il excuse
les particuliers, il les aime même par des motifs
plus relevés, et il s'étudie à mériter le moins qu'il
se peut une pareille indulgence.

LA BRUYÈRE, *Car. de l'homme*, XI.

* *

Platon prête à Socrate ces paroles : « L'injustice
est-elle bonne dans certains cas et mauvaise dans
d'autres? ou n'est-elle légitime dans aucune circonstance, comme nous en sommes convenus autrefois
et il n'y a pas longtemps encore?... Ou plutôt n'est-il
pas vrai, comme nous le disions alors, que, soit que
la foule en convienne ou non, qu'un sort plus rigou-
reux ou plus doux nous attende, cependant *l'injustice en elle-même est toujours un mal?* Admettons-
nous ce principe ou faut-il le rejeter? — Nous
l'admettons. — C'est donc *un devoir absolu de
n'être jamais injuste?* — Sans doute. — Si c'est un
devoir absolu de n'être jamais injuste, c'est donc

aussi un devoir de ne l'être jamais, *même envers celui qui l'a été à notre égard*, quoi qu'en dise le vulgaire? — C'est mon avis. — Mais quoi! est-il permis de faire du mal à quelqu'un ou ne l'est-il pas? — Non assurément, Socrate. — Mais enfin, *rendre le mal pour le mal* est-il juste, comme le veut le peuple, ou injuste? — Tout à fait injuste, car faire le mal ou être injuste c'est la même chose..... Ainsi donc c'est une obligation sacrée de ne jamais rendre injustice pour injustice ni mal pour mal.

Philosophie de Socrate, trad. FOUILLÉE.

.*.

« La meilleure manière de se venger, c'est de ne se pas rendre semblable aux méchants. »

MARC-AURÈLE, VI, *l.* VI, *trad.* AL. PIERRON.

.*.

« C'est la sagesse de la vie que de supporter avec patience et de pardonner. »

LE KORAN, *ch.* XLII, 41.

.*.

« Le bien et le mal ne sauraient marcher de pair. Rends le bien pour le mal, et tu verras ton ennemi se changer en protecteur et en ami. »

MAHOMET, *Koran*, XLI, 34.

.*.

« C'est une chose royale, quand on fait le bien, d'entendre dire du mal de soi. »

MARC-AURÈLE.

Il n'y a rien de plus avantageux que l'amitié dans toutes les choses que la sagesse m'a fournies. Cette mesme sagesse m'a assuré dans mon opinion de ne point appréhender de mal, dont la durée pust estre éternelle ou longue, puisqu'elle connoist que l'amitié est dans cette vie le secours le plus assuré.

Tous ceux qui se sont portez également à chercher une pleine assurance dans la société humaine, tous ceux, dis-je, qui avoient une affection particulière les uns pour les autres, ont vescu fort doucement par le moyen de leur ferme amitié qui les unissoit si fortement, qu'ils n'eussent pas fait difficulté de souffrir la mort pour un de leurs amis qui y eust ésté condamné.

ÉPICURE, d'après DIOGÈNE LAERCE, *trad.* BOILEAU.

.**.

Aimez-vous les uns les autres comme je vous ai aimés. Il n'y a point de plus grand amour que de donner sa vie pour ses amis.

(J.-C., *Év. S. Jean*, ch. XV, v. 12, 13).

.**.

Moi-même je ne crains point de mourir pour les amis qui me sont chers, ou pour ma Patrie.

HORACE, *Od.*, IV, 9, 51.

.**.

« Il faut aimer tous les êtres vivants (dit Siddhârtha-Bouddha), quels que soient leur rang, ou leur nation, ou leur couleur ; il faut avoir pitié d'eux tous ; car tous sont malheureux, tous assujettis à la roue du malheur. »

Bouddha reconnaît quatre nobles vérités :

1° Se pénétrer avant tout de cette vérité que vivre, c'est souffrir, et pour cela méditer avec persévérance sur la nature décevante et sur la nullité des joies que la vie fait semblant d'offrir.

2° Reconnaître que la cause de la douleur, c'est le désir, le désir de vivre dans le plaisir et le bien-être.

3° Comprendre par conséquent que le seul moyen de s'émanciper de la vie et de la douleur qui ne font qu'un, c'est de supprimer le désir pour arriver à l'indifférence absolue.

4° Se soumettre à la discipline qui mène le converti à cette suppression totale du désir qui, par quatre états successifs, le rapproche toujours plus de la perfection.

Bouddha donne encore ces autres préceptes :

Charité ou bienveillance pour tous (Dâna).

La patience et la résignation (Rohausi).

Le courage (Viryâ).

La méditation (Dhyâna).

La connaissance (Projnâ).

La bienveillance pour tous doit s'étendre aux animaux.

. . . .

Condamnation de l'esprit de vengeance, de la médisance, de l'injure.

Préceptes de résignation, d'humilité, de repentir.

Rendre le bien pour le mal, être reconnaissant des souffrances infligées . . . .

Dernières paroles de Bouddha à ses disciples :

« Soyez sérieux, soyez méditatifs, soyez saints.

« Veillez avec persévérance sur vos cœurs.

« Celui qui se tient ferme à la loi et à la discipline et qui n'hésite pas, traversera l'océan de la vie et

trouvera la fin de ses peines. Travaillez avec zèle à
votre salut. »

MAXIMES DE BOUDDHA, d'après M. A. RÉVILLE.

.[.].

Cependant qu'il (le sage) gravit et monte vers ce
séjour élevé de l'ordre, de l'immuable paix, où la vie
marche d'un cours égal et harmonieux, plein de
sécurité, bienveillant, né pour le bonheur de tous,
pour se perfectionner lui et les autres, il ne con-
naîtra ni désirs ignobles, ni larmes, car appuyé sur
la raison, il traversera les vicissitudes humaines
avec un courage tout divin. Il ne laisse point prise
à l'injure, je veux dire à celle qui viendrait, non des
hommes seulement comme tu pourrais le croire,
mais de la Fortune même ; et celle-ci entre-t-elle en
lutte avec la vertu, elle n'en sort jamais son égale.

. . . .

. . . .

. . . .

   . . . Ajoute aussi que loin de recevoir de sang-
froid une injure, il n'est personne qui n'en éprouve
un trouble violent ; et qu'un tel trouble n'atteint
point l'âme forte et modératrice d'elle-même, dans
son calme et sa paix profonde : car si l'injure
la touche, elle perd sa paix et sa liberté. Mais le
sage ignore la colère qu'allume l'apparence de
l'injure. Et serait-il étranger à la colère, s'il ne
l'était à l'injure, qu'il sait ne pouvoir lui être
faite ? De là cette assurance, cette satisfaction,
cette éternelle joie où s'exalte son cœur ; de là ce
cœur si peu froissé par les chocs qui lui viennent
des choses ou des hommes ; que l'injure même lui

profite, c'est par elle qu'il s'éprouve, qu'il expérimente sa vertu. . . . .

. . . Il est d'autres atteintes qui frappent le sage, bien qu'elles ne le terrassent point, la douleur physique, les infirmités, la perte de ses amis, de ses enfants, ou les malheurs de son pays que dévore la guerre. Je ne le nie pas, le sage est sensible à tout cela. Car nous ne lui attribuons pas un cœur de fer ou de rocher. Il n'y aurait nulle vertu à supporter ce qu'on ne sentirait point.

SÉNÈQUE, *De la constance du sage.* *Trad.* J. BAILLARD (*édit.* Hachette.)

⁎
⁎ ⁎

« La droiture est une habitude des sentiers de la vertu. »

« La libéralité est une branche de la générosité; la bonté, un goût à faire du bien et à pardonner le mal ; la clémence, une bonté envers nos ennemis. »

« La simplicité nous présente l'image de la vérité et de la liberté. »

. . . .

« La force d'esprit est le triomphe de la réflexion ; c'est un instinct supérieur aux passions, qui les calme ou qui les possède ; on ne peut pas savoir d'un homme qui n'a pas les passions ardentes, s'il a de la force d'esprit ; il n'a jamais été dans des épreuves assez difficiles.

« La modération est l'état d'une âme qui se possède ; . . . .

. . . .

« La constance est une fermeté raisonnable dans

nos sentiments; l'opiniâtreté, une fermeté déraison-
nable; . . . .

« La sagesse est la connaissance et l'affection du
vrai bien. » . . . .

VAUVENARGUES, *De l'esprit humain : du courage.*

.•.

« Que ceux qui sont nés dans l'oisiveté et la mollesse y meurent et s'y ensevelissent ; je ne prétends
pas les troubler, mais je parle au reste des hommes,
et je dis : On ne peut être dupe de la vraie vertu ; ceux
qui l'aiment sincèrement y goûtent un secret
plaisir, et souffrent à s'en détourner : quoi qu'on
fasse aussi pour la gloire, jamais ce travail n'est
perdu s'il tend à nous en rendre dignes. C'est une
chose étrange que tant d'hommes se défient de la
vertu et de la gloire, comme d'une route hasar-
deuse, et qu'ils regardent l'oisiveté comme un parti
sûr et solide. Quand même le travail et le mérite
pourraient nuire à notre fortune, il y aurait toujours à gagner à les embrasser. Que sera-ce s'ils y
concourent? »

VAUVENARGUES, *Réflex. div.* : On ne peut être
dupe de la vertu.

.•.

La témérité est périlleuse. — Le gain honteux est
un trésor bien lourd. — Le plaisir est périssable ;
la gloire immortelle. — Soyez modéré dans la prospérité et ferme dans le malheur. — Soyez toujours
le même avec vos amis, qu'ils soient heureux ou
malheureux. — Gardez vos promesses.

Vie de PÉRIANDRE, d'ap. DIOG. de LAERTE,
trad. ZEVORT.

« Louis XII, roi de France (1498-1515), avait pour maxime que « c'étoit honnir et maculer le cœur que d'y laisser prendre pied ce monstre infernal de vengeance. »

* *

« Tout ce que vous voulez que les hommes fassent pour vous, faites-le de même pour eux. »

Jésus-Christ, *Év. de Mathieu*, ch. vii, v. 12.

* *

La générosité souffre des maux d'autrui comme si elle en étoit responsable.

Vauvenargues, *Réflex. et Max.*, clxxiii.

* *

Le plaisir devient insatiable.
« Le bien, au contraire, est la fin de toutes les
« actions ; tout le reste doit se rapporter à lui, et
« non pas lui aux autres choses... Ainsi il faut tout
« faire, même l'agréable, en vue du bien et non le
« bien en vue de l'agréable... »

Socrate, *Gorgias*, p. 400 e, *trad.* Fouillée.

* *

« J'ai fait un peu de bien, c'est mon meilleur ouvrage. »

Voltaire.

* *

Le sage, j'en jure par Pollux, est l'artisan de son propre bonheur.

Plaute, *Trinummus*, acte II, sc. ii, v. 84.

« Si vous faites bien, je veux me rendre garant
que vous serez heureux. »

SOCRATE.

.•.

« La récompense d'une bonne action, c'est de
l'avoir faite. »

SÉNÈQUE, *Épist.*, 81. — Le fruit d'un service,
c'est le service même. (*Id.*)

.•.

Un honnête homme se paie par ses mains de l'application qu'il a à son devoir, par le plaisir qu'il
sent à le faire et se désintéresse sur les éloges, l'estime et la reconnaissance qui lui manquent quelquefois.

LA BRUYÈRE, *Car.: du Mérite personnel.*

.•.

« Mais on ne pourrait vivre heureux sans un cœur
pur : aussi n'en a-t-il que plus de droit à être
nommé dieu par nous, celui (Épicure) à qui l'on
doit ces règles qui, répandues chez toutes les nations,
soutiennent doucement les âmes et consolent la
vie. »

LUCRÈCE, ch. v, p 208.

.•.

Il (Épicure) parle en ces termes (dit Diogène
Laërce) des moyens de régler nostre vie et de ce que
nous devons fuir et embrasser : néantmoins je
croy qu'auparavant de le dire, il sera bon de faire
la description du Sage selon ce Philosophe et ses

Sectateurs. Il dit donc que les hommes tâchent de tourmenter les Sages, ou par la haine ou par l'envie, ou par le mépris qu'ils leur portent, mais que la raison les fait mépriser, que celuy qui est véritablement Sage ne pourra jamais perdre sa sagesse; que ce Sage ne s'amusera jamais à dire des choses qui ressentent la fable, mais qu'au contraire il s'attachera toûjours à la vérité; et partant, il n'inventera rien qui l'empesche dans sa sagesse; qu'un Sage ne devient pas tel, ou par l'habit, ou à cause de sa Patrie; que quoy qu'un Sage soit à la gesne, il est néantmoins toûjours heureux; que ce bonheur ne l'empesche pas de se plaindre, et mesme de pleurer.

. . . .

Les Épicuriens croyent que le Sage ne passera pas des nuits entières à boire et à s'enivrer, comme dit Épicure dans son banquet; . . . .

Qu'il ne quittera pas le soin de sa famille, et qu'il songera à l'avenir, mais sans avarice et sans un désir de s'enrichir; qu'il sera résolu contre toute sorte de fortune; qu'il sera un amy dont l'humeur ne sera pas difficile; qu'il aura soin de sa réputation d'une manière qu'il ne se rendra pas méprisable; . .

Qu'il mourra pour un amy s'il le faut.

« Voilà ce que ces Philosophes disent d'un sage. »

DIOGÈNE LAERCE, *trad.* BOILEAU.

*
* *

« Socrate, dit Xénophon, ne séparait pas la sagesse de la sage conduite; mais celui qui, connaissant les choses bonnes et belles, les met en usage, et, connaissant les choses honteuses, s'en garde,

celui-là il le jugeait à la fois savant et sage dans sa
conduite. »

Mém., III, ix.

* *

Diotimus le stoïcien, adversaire déclaré d'Épicure, chercha à le décrier en publiant sous son nom
cinquante lettres impures et en lui attribuant celles
qui passent généralement pour être de Chrysippe, etc.

Voici, au contraire, l'appréciation de Diogène
Laërce sur Épicure :

« Mais ceux qui avancent ces choses sont de grands
fous ; car on a trop de témoignages de la candeur et
de la bonté de cet homme ; et mesme sa Patrie qui
l'a honoré de statues d'airain en fait foy ; ce qui se
voit encore par le grand nombre de ses amis, que
des villes entières faisaient gloire d'estre dans ses
bonnes grâces. Tous ceux qui le hantoient et ses
disciples qui se sont laissez persuader aux attraits
de sa Philosophie y ont toûjours persisté, excepté
Métrodorus qui alla à Carneade, peut-estre parce
que l'extrême bonté de cet incomparable homme
luy estoit insupportable ; la succession continuelle
de cette Escole, qui dans tous les changements des
autres a demeuré toûjours dans sa vigueur, n'en
est pas une moindre preuve. Il portoit un respect
particulier à ses parents, et faisoit de grands biens
à ses frères ; il avait une extresme douceur pour ses
serviteurs comme on peut voir par son Testament,
et de ce qu'il permist qu'ils estudiassent en Philosophie ; celuy dont nous avons parlé, sçavoir Mus,
fut le plus célèbre. Il avoit, pour le dire en un mot,
une bonté particulière envers tout le monde ; car

que diray-je de sa dévotion envers les dieux, de son amitié pour la Patrie qu'il conserva jusqu'à la fin de ses jours? Il eut trop de modestie pour vouloir s'engager dans les affaires publiques. La Grèce estant dans un malheureux temps, il y demeura toûjours et n'alla que deux ou trois fois en Ionie pour voir ses amis qui venoient en grand nombre le visiter de tous costez, et vivoient avec luy dans un jardin, comme dit Apollodorus. Diocles rapporte qu'ils vivoient d'une manière fort sobre et qu'ils ne beuvoient que fort peu de vin, et souvent ils n'usoient que d'eau. Épicure dit que luy-mesme se contentoit de pain et d'eau pour vivre. »

DIOG. LAERCE, l. X, *Vie d'Épicure*, *trad.* BOILEAU, 1668.

\.\.

« On a bien peu perdu quand on garde l'honneur. »

VOLTAIRE.

\.\.

« Je ne sais pas bien ce qui se passe après cette vie, mais je sais bien qu'être injuste est contraire au devoir et à l'honneur. »

SOCRATE.

\.\.

« La vertu, disait Antisthènes, est la même pour l'homme et pour la femme. »

\.\.

Non, dit Isocrate, je ne puis m'empêcher de blâ-

mer ces hommes qui, ayant formé une union de
toute la vie, ne savent pas garder leurs engage-
ments et qui pour de vains plaisirs, blessent au cœur
celles dont ils ne veulent en rien être offensés; qui
enfin, pratiquant l'équité dans les autres contrats, ne
violent que les conventions faites avec leurs femmes,
quand ils devraient les observer avec d'autant plus
de religion, qu'elles sont plus solennelles, plus
intimes et plus saintes!...

ISOCRATE, trad. FOUILLÉE.

∗
∗ ∗

Socrate définit aussi le devoir du mari envers sa
jeune épouse :

« N'est-il pas vrai, Clitobule, que ta femme n'était
encore qu'une enfant lorsque tu l'as épousée et
qu'elle n'avait presque rien vu ni entendu? Il n'est
donc pas étonnant qu'elle ne sache ni ce qu'il faut
dire, ni ce qu'il faut faire..... Et cependant est-il
quelqu'un à qui tu confies plus d'intérêts sérieux
qu'à ta femme? — Personne. — Est-il quelqu'un
avec qui tu aies moins de conversation qu'avec elle?
— Presque personne.

Voici maintenant la tâche que l'homme et la
femme doivent remplir en commun :

« Si je t'ai choisie, ô femme, et si tes parents
m'ont accepté pour toi de préférence à tous les autres partis, ce n'est pas pour le partage d'une
couche, ce qui ne demandait pas un si grand dis-
cernement, mais pour que nous eussions le meilleur associé possible dans l'administration de la
maison et des enfants. Si les dieux nous donnent
des enfants un jour, nous aviserons alors aux

moyens de leur procurer la meilleure éducation, car c'est un intérêt qui nous est commun de nous préparer les meilleurs appuis pour la vieillesse. Quant à présent, nous avons déjà en commun cette maison. Tout ce qui est à moi, je le mets dans la communauté, comme tu y as mis tout ce que tu as apporté. Il ne faut pas supputer lequel a versé la plus grande quantité de richesses, mais considérer que celui de nous deux *qui se montrera le meilleur associé* apportera les richesses les plus précieuses. »

La femme répondit : « Mais en quoi pourrais-je t'aider ? Que puis-je faire ? Tout repose sur toi. Ma mère m'a dit que ma tâche à moi, c'est d'être sage. »

L'époux reprit : « Mon père m'a fait la même recommandation, mais la sagesse *pour l'homme et pour la femme,* c'est d'administrer le mieux possible ce qu'ils ont et de l'augmenter le plus qu'ils peuvent par des voies honnêtes et justes. — Songe donc à bien remplir les fonctions que les dieux t'assignent et que la loi approuve. Elles sont de la plus grande importance, à moins que l'on ne méprise celles de la *reine des abeilles dans une ruche.* »

Parmi les devoirs de la femme, Socrate place les soins à donner aux serviteurs malades. « Un devoir qui t'appartient et te semblera peut-être désagréable, ce sera, lorsqu'un serviteur tombera malade, de donner tous tes soins à sa guérison. — Aucun, au contraire, ne me plaira davantage, car les serviteurs bien soignés seront reconnaissants et m'en aimeront davantage... — Mais ce qui te charmera le plus, c'est que, *devenue meilleure que moi, tu feras de moi ton serviteur* et que tu n'auras plus à craindre, qu'en avançant en âge, tu ne sois moins honorée

2.

dans ta demeure! Tu acquerras, au contraire, la
confiance, que plus tu deviendras en vieillissant une
bonne gardienne de la maison pour moi et pour mes
enfants, plus tu croîtras en honneur; car les vrais
biens pour l'homme ne s'augmentent pas avec les
attraits de la figure, mais avec les vertus. »

ALFRED FOUILLÉE, *La Philosophie de Socrate.*

.*.

Nous avons recommandé à l'homme ses père et
mère (sa mère le porte dans son sein et endure peine
sur peine).

MAHOMET, *Koran*, XXXI, 13.

.*.

Il se trompe grandement, à mon avis, celui qui
croit que l'autorité est plus ferme et plus durable
quand elle est fondée sur la force au lieu de l'être
sur l'affection.

TÉRENCE, *Adelph.*, I, sc. I, v. 40.

.*.

La passion de la gloire et la passion des sciences
se ressemblent dans leur principe; car elles viennent
l'une et l'autre du sentiment de notre vide et
de notre imperfection. Mais l'une voudrait se former
comme un nouvel être hors de nous, et l'autre
s'attache à étendre et à cultiver notre fonds. Ainsi
la passion de la gloire veut nous agrandir au-dehors,
et celle des sciences au-dedans.

On ne peut avoir l'âme grande ou l'esprit un peu
pénétrant, sans quelque passion pour les lettres.

Les arts sont consacrés à peindre les traits de la belle nature; les sciences, à la vérité. Les arts et les sciences embrassent tout ce qu'il y a dans la pensée de noble ou d'utile; de sorte qu'il ne reste à ceux qui les rejettent que ce qui est indigne d'être peint ou enseigné.

La plupart des hommes honorent les lettres comme la religion et la vertu, c'est-à-dire comme une chose qu'ils ne peuvent ni connaître, ni pratiquer, ni aimer.

Personne néanmoins n'ignore que les bons livres sont l'essence des meilleurs esprits, le précis de leurs connaissances et le fruit de leurs longues veilles. L'étude d'une vie entière s'y peut recueillir dans quelques heures; c'est un grand secours.

VAUVENARGUES, *De l'esprit humain*, ch. XXVIII; *De l'amour des sciences et des lettres.*

.*.

C'est dans les actions vertueuses, et non dans la gloire, qu'une âme véritablement grande place l'honneur, qui est le principal but de notre nature.

CICÉRON, *De Offic.*, I, 4.

.*.

« Examinez toutes choses, retenez ce qui est bon.
« Abstenez-vous de tout ce qui a quelque apparence
« de mal. »

ÉP. DE S. PAUL AUX THESSALONICIENS, ch. V, p. 21.

.*.

Ne vous hâtez pas d'entreprendre une affaire; mais une fois décidé, persistez dans votre résolu-

tion. — Ne vous pressez pas de parler, c'est une
preuve de sottise. — Pendant que vous êtes jeune,
faites-vous de la sagesse un viatique pour la vieillesse, car c'est là le moins fragile de tous les biens.

Max. de Bias, d'après Diog. de Laerte.
Trad. Zevort (*édit.* Charpentier).

.*.

« Ose être sage; commence; celui qui ajourne le
moment de vivre en honnête homme ressemble au
villageois qui attend, pour passer, que le fleuve soit
écoulé; mais le fleuve coule et roulant toujours,
coulera éternellement. »

Horace, *Epist.*, ii, 1, 40.

.*.

« Vaine est la sagesse, si elle n'est pas utile au
sage. »

Cicéron, *De Offic.*, iii, 15.

.*.

« Attachez-vous aux sérieuses pensées. — Ne soyez
ni vain ni ingrat. — Aimez à écouter plus qu'à
parler. — Préférez l'étude à l'ignorance. — Que
votre langue soit toujours chaste. — Soyez familier
avec la vertu et étranger au vice. — Fuyez l'injustice. — Donnez à votre patrie les meilleurs conseils.
— Maîtrisez vos passions. — N'ayez jamais recours
à la violence. — Instruisez vos enfants. — Calmez
les haines. — Le bien c'est la mesure. »

Cléobule, d'ap. Diog. de Laerte (*trad.* Zevort).

.*.

« Il ne suffit pas d'acquérir la sagesse, il faut en
user. »

Cicéron, *De Finib.*, i, 1.

Toutes ces choses sont telles que les fait le caractère de celui qui les possède : bonnes pour celui qui sait en user, mauvaises pour celui qui en use mal.

TÉRENCE, *Heauton.*, acte I, sc. III, v. 21.

* *

Le bonheur et le malheur des hommes ne dépendent pas moins de leur humeur que de la fortune.

LA ROCHEFOUCAULD, *Max.*, LXI.

* *

« Chacun se fait à soi-même sa destinée. »

CORNÉLIUS NEPOS, *Vie d'Atticus,* c. 11.

* *

Le bonheur du sage est en lui-même ; le bonheur de l'autre n'est que superficiel.

SÉNÈQUE, *Epist.,* 115.

* *

Ce n'est ni par la joie ni par les plaisirs, ni par les jeux ou les ris, compagnons de la frivolité, qu'on est heureux : les âmes austères trouvent le bonheur dans la constance et la fermeté.

CICÉRON, *de Finib.*, II, 10.

* *

L'heur et la beatitude qui réluit en la vertu remplit toutes ses appartenances et advenues jusques à la première entrée et extrême barrière.

MONTAIGNE, *Essais,* t. I, ch. XIX.

* *

Le sage garde une mesure, même dans les choses honnêtes.

JUVÉNAL, VI, 444.

Les stoïciens pensent que la « fin » est de vivre
selon la vertu. Voici ce qu'on lit dans Diogène
Laërce à ce sujet : « Zénon, dans le livre de la nature
de l'homme, dit que la fin est de vivre selon la
nature, c'est-à-dire selon la vertu, puisque la nature
nous y porte tousiours..... Diogène donc définit
la fin en cette sorte : *suivre la raison dans le
choix de ce qui est selon la nature.* Et Arche-
dème : *vivre d'une manière qu'on n'oublie rien de
ce qui est du devoir.....* La vertu est une inclination qui s'accorde avec l'harmonie du tout, elle
est vertu d'elle-mesme, non pas par crainte ou par
espérance ou pour quelque chose extérieure, de
sorte qu'il n'y a personne qui ne porte en soy-mesme
son bonheur, qui est donné à nos âmes pour l'accord de l'Univers. L'animal raisonnable se pervertit
par le moyen des occupations extérieures qu'il a,
par des persuasions qui luy paroissent selon la raison et souvent par les compagnies qu'on hante ; car
pour ce qui est de la nature, elle ne nous donne
point d'occasion de nous pervertir.

DIOGÈNE LAËRCE, *Vie de Zénon, trad.* BOILEAU.

* *

Si vous avez quelque passion qui élève vos sentiments, qui vous rende plus généreux, plus compa-
tissant, plus humain, qu'elle vous soit chère.

Par une raison fort semblable, lorsque vous aurez
attaché à votre service des hommes qui sauront vous
plaire, passez-leur beaucoup de défauts. Vous serez
peut-être plus mal servi, mais vous serez meilleur
maître : il faut laisser aux hommes de basse extrac-
tion la crainte de faire vivre d'autres hommes qui
ne gagnent pas assez laborieusement leur salaire.

Heureux qui leur peut adoucir les peines de leur
condition !

En toute occasion, quand vous vous sentirez porté
vers quelque bien, lorsque votre beau naturel vous
sollicitera pour les misérables, hâtez-vous de vous
satisfaire. Craignez que le temps, les conseils, n'em-
portent ces bons sentiments, et n'exposez pas votre
cœur à perdre un si cher avantage. Mon bon ami, il
ne tient pas à vous de devenir riche, d'obtenir des
emplois ou des honneurs; mais rien ne vous peut
empêcher d'être bon, généreux et sage. Préférez la
vertu à tout: vous n'y aurez jamais de regret. Il
peut arriver que les hommes qui sont envieux et
légers vous fassent éprouver un jour leur injustice.
Des gens méprisables usurpent la réputation due au
mérite et jouissent insolemment de son partage :
c'est un mal, mais il n'est pas tel que le monde se
le figure; la vertu vaut mieux que la gloire.

VAUVENARGUES, *Conseils à un jeune homme:*
Aimer les passions nobles, IX.

**

J'apprends avec plaisir de ceux qui viennent d'auprès de toi que tu vis en famille avec tes serviteurs;
cela fait honneur à ta sagesse, à tes lumières. —
« Ils sont esclaves? » — Non, ils sont hommes. —
« Esclaves? » — Non: mais compagnons de tente
avec toi. — « Esclaves? » — Non: ce sont des amis
d'humble condition, tes coesclaves, dois-tu dire,
si tu songes que le sort peut autant sur toi que sur
eux.

SÉNÈQUE, XLVIIᵉ *Lettre à Lucilius,*
trad. BAILLARD.

**

Si quelqu'un refuse de soutenir ses parents, qu'il

soit déclaré infâme. — Évitez le mensonge. — Appliquez-vous à des choses utiles. — Ne vous hâtez point de choisir vos amis, mais conservez ceux que vous vous êtes faits. — Avant de commander, apprenez à obéir. — Ne donnez pas le conseil le plus agréable, mais le plus utile. — Prenez la raison pour guide. — Évitez la société des méchants. — Respectez vos parents.

DIOGÈNE de LAERTE, *Maximes de Solon*, *trad*. ZEVORT.

**

Pythagore appelle l'yvrognerie la ruine des personnes, il blasme tout ce qui est dans l'exez. Il défendoit de manger des animaux, voulant accoustumer les hommes à la sobriété et à se nourrir de choses qu'ils pourroient trouver aisément, de sorte mesme qu'ils n'auroient pas besoin de feu pour les cuire, et pourroient se contenter d'eau toute pure, ce qui conservoit le corps dans sa santé, et rendoit l'esprit plus subtil. . . . .

Tout le monde eut tant d'admiration pour sa personne, que ses amis disoient que toutes ses paroles étoient les paroles d'un dieu. . . . .

Il était tout à fait porté à se faire des amis, ce qu'il faisoit avec une grâce particulière, et s'il sçavoit qu'un homme eût l'intelligence de ses devises, il se le rendoit tout d'un coup amy..... — Une de ses devises étoit: il ne faut point faire pencher la balance plus d'un costé que d'autre, c'est-à-dire qu'on ne doit rien faire contre la justice.

DIOGÈNE de LAERTE, l. VIII, *Vie de Pythagore*, *trad*. BOILEAU.

**

« La sagesse, le plus grand des biens, ne vous

« semble-t-elle pas détournée des hommes par l'in-
« tempérance, qui les pousse vers le mal con-
« traire?

« Quelle différence y a-t-il entre l'intempérant et
« l'animal le plus incapable de science?

« Comment distinguer de la brute celui qui, ne
« portant jamais ses regards vers le *bien,* ne cherche
« que l'*agréable?* Il n'est donné qu'à l'homme tem-
« pérant de rechercher le mieux en toutes choses et
« de distinguer dialectiquement tous les genres. »

SOCRATE, *Mém.,* IV, V, *trad.* FOUILLÉE.

· ·
·

« Le vin est moqueur et la cervoise est tumul-
tueuse, et quiconque y fait excès n'est pas sage. »

PROV. XX, 1.

· ·
·

· · · · · « La frugalité est un grand bien ; non pas
qu'il faille toujours la mettre en pratique, mais il
est bon de s'accoutumer à se contenter de peu pour
n'être pas pris au dépourvu quand cela deviendra
nécessaire. Il faut se bien persuader qu'on jouit
d'autant mieux de l'abondance des biens qu'on s'est
moins habitué à les regarder comme indispensables.
Sachons aussi que tout ce qui est bien dans l'ordre
de la nature peut être obtenu facilement, et que les
biens imaginaires sont les seuls qu'on se procure
avec peine. Une nourriture simple et frugale procure
autant de plaisir que des mets somptueux, lorsqu'elle sert, à apaiser les douleurs de la faim. Du
pain et de l'eau assaisonnés par le besoin, sont une
source infinie de plaisir. L'habitude d'une nourriture simple et sans apprêt affermit la santé et affran-

3

chit de toute inquiétude relativement aux besoins
de la vie; elle rend plus agréable la bonne chère
quand l'occasion s'en présente, et met au-dessus des
soucis et des atteintes de la fortune. Ainsi, quand
nous disons, que la fin de la vie est le plaisir, nous
ne parlons pas du plaisir du débauché, comme on
le suppose quelquefois, faute de nous bien comprendre, ou par pure malveillance; par plaisir nous
entendons l'absence de toute douleur pour le corps,
et de toute inquiétude pour l'âme. Ce ne sont pas
les longs festins, le vin, les jouissances amoureuses;
ce n'est pas une table somptueuse, chargée de pois-
sons et de mets de toute espèce qui procurent le
bonheur; mais c'est une raison saine, capable d'approfondir les causes qui, dans chaque circonstance,
doivent déterminer notre choix ou notre aversion,
capable enfin d'écarter les vaines opinions, sources
des plus grandes agitations de l'âme. . . . . »

DIOGÈNE DE LAERTE, *Lettre d'Épicure à Ménœ-
cée, trad.* CH. ZEVORT.

* *

Le bonheur de la vie est inséparable de la prudence, de l'honnêteté et de la justice; d'un autre
côté, ces vertus elles-mêmes sont inséparables du
bonheur. Quiconque ne possède ni la prudence, ni
l'honnêteté, ni la justice, ne vit point heureux.

DIOGÈNE DE LAERTE, *4° Maxime d'Épicure.*

* *

. . . . . « Cette volupté d'Épicure, telle que vrai-
ment je la conçois, ils (les hommes vicieux) n'appré-
cient pas combien elle est réservée et sobre : c'est
au nom seul qu'ils accourent, cherchant pour leurs
désordres une autorité quelconque et un voile. Seul

bien de l'homme vicieux, la honte du vice les abandonne ; ils louent ce dont ils rougissaient, ils se font
gloire de leur corruption, et se relever de sa chute
est impossible à cette jeunesse qui décore d'un titre
honorable ses turpitudes et sa lâcheté.

Voilà ce qui rend cette apologie du plaisir
pernicieuse : les préceptes honnêtes se cachent au
fond de la doctrine, la séduction est à la surface.
Oui, et telle est à moi ma pensée, je le dis en dépit
de ceux des nôtres qui courtisent la foule, la morale
d'Épicure est vertueuse, elle est même austère. Ce
qu'il appelle volupté se réduit à quelque chose d'assez
étroit, d'assez maigre ; la loi que nous imposons à la
vertu, il l'impose au plaisir. Il le veut soumis à la
nature ; or, c'est bien peu pour la mollesse que ce
qui suffit à la nature. D'où vient donc le mal ? De ce
que ceux qui mettent le bonheur dans une oisiveté
nonchalante, dans les jouissances alternatives de la
table et des femmes, cherchent pour une mauvaise
cause un patron respectable. Ils s'en viennent,
attirés par un nom qui séduit ; ils suivent, non
la volupté qu'il enseigne, mais celle qu'ils lui
apportent ; croyant voir dans leurs passions les préceptes du maître, ils s'y abandonnent sans réserve
et sans feinte, et la débauche enfin court tête levée.
Je ne dis donc pas, comme presque tous les nôtres :
« La secte d'Épicure est une école de scandale » ;
mais je dis : « Elle a mauvais renom ; on la diffame
sans qu'elle le mérite. »

SÉNÈQUE, *De la vie heureuse, trad.* BAILLARD.

* *

« Si, dès l'enfance, on coupait ces penchants nés
« avec l'être mortel, qui, comme autant de poids de

« plomb entraînent l'âme vers les plaisirs sensuels
« et grossiers, et abaissent ses regards vers les choses
« inférieures ; si le principe meilleur dont je viens
« de parler, dégagé et affranchi, était dirigé vers la
« vérité, ces hommes l'apercevraient avec la même
« sagacité que les choses sur lesquelles se porte
« maintenant leur attention.

   « Chacun sait que toute plante, tout animal qui
« ne trouve en naissant ni la nourriture, ni la sai-
« son, ni le climat qui lui conviennent, se corrompt
« d'autant plus que sa nature est plus vigoureuse...

   « Affirmons également que *les âmes les plus heu-*
« *reusement douées deviennent les plus mauvaises*
« *de toutes par la mauvaise éducation.* »

      SOCRATE, *République*, VI, 24, *trad*. FOUILLÉE.

*
* *

   « La vérité, cher hôte, est chose belle et durable ;
mais il n'est pas facile de le persuader aux hommes. »

    PLATON, d'après Diog. DE LAERTE, *trad*. CH. ZEVORT.

*
* *

   « En vérité le mentir est un mauldict vice : nous ne
sommes hommes, et ne nous tenons les uns aux
aultres que par la parole. Si nous en cognoissions
l'horreur et le poids nous le poursuivrions à feu,
plus iustement que d'aultres crimes. Je treuve qu'on
s'amuse ordinairement à chastier aux enfants des
erreurs innocentes très mal à propos et qu'on les
tormente pour des actions téméraires qui n'ont ny
impression ny suitte. La menterie seule, et, un peu
au dessoubs, l'opiniastreté me semblent estre celles
desquelles on debvroit à toute instance combattre
la naissance et le progrez : elles croissent quand et

eulx ; et depuis qu'on a donné ce fauls train à la langue, c'est merveille combien il est impossible de l'en retirer : par où il advient que nous veoyons des honnestes hommes d'ailleurs y estre subiects et asservis. »

Montaigne, Essais, t. I, ch. IX.

*
* *

La vérité est le fondement et la raison de la per-fection et de la beauté ; une chose, de quelque nature qu'elle soit, ne sauroit être belle et parfaite, si elle n'est véritablement tout ce qu'elle doit être, et si elle n'a tout ce qu'elle doit avoir.

La Rochefoucauld, Max. li.

*
* *

« Rien n'est beau que le vrai. »

Molière.

*
* *

Un beau naturel négligé ne porte jamais de fruits mûrs.

Peut-on regarder comme un bien un génie à peu près stérile ?

Vauvenargues, De l'esprit humain, xxviii ; De l'amour des sciences et des lettres.

*
* *

Ainsi, dit Socrate (Mém., iv, 1), les hommes les plus favorisés de la nature, nés avec de l'ardeur pour tout ce qu'ils entreprennent, se distingueront par leurs vertus, deviendront très utiles, s'ils ont appris à connaître leurs devoirs, car ils feront de grandes choses ; mais si la culture leur manque, et qu'ils

restent dans l'ignorance, ils seront aussi méchants
que nuisibles.

⁂

« Si certains hom:nes ne vont pas dans le bien
jusqu'où ils pourroient aller, c'est par le vice de leur
première instruction. »

LA ROCHEFOUCAULD, *De l'homme*, XI.

⁂

Le vrai courage est une des qualités qui sup-
posent le plus de grandeur d'âme. J'en remarque
beaucoup de sortes : un courage contre la fortune,
qui est philosophie ; un courage contre les misères,
qui est patience ; un courage à la guerre, qui est
valeur ; un courage dans les entreprises, qui est hardiesse ; un courage fier et téméraire, qui est audace ;
un courage contre l'injustice, qui est fermeté ; un
courage contre le vice, qui est sévérité ; un courage
de réflexion, de tempérament, etc.

VAUVENARGUES, *Du courage*, ch. XLV.

⁂

Qui n'est homme de bien que parce qu'on le
sçaura, et parce qu'on l'en estimera mieulx aprez
l'avoir sceu ; qui ne veult bien faire qu'en condition
que sa vertu vienne à la cognoissance des hommes,
celuy là n'est pas personne de qui on puisse tirer
beaucoup de service.

> Crede che 'l resto di quel verno cose
> Facerse degne di tenerne conto
> Ma fur sin da quel tempo sì nascose
> Che non è colpa mia or non le conto :
> Perchè Orlando a far l' opre virtuose,
> Piu ch 'a narrarle poi, sempre ere pronto ;

Nè mai fu alcuno de'suoi fatti expresso,
Se non quando obbe i testimoni appresso (1).

Il faut aller à la guerre pour son debvoir, et en attendre cette récompense, qui ne peult faillir à toutes belles actions, pour occultes qu'elles soyent, non pas mesme aux vertueuses pensées; c'est le contentement qu'une conscience bien reglée receoit, en soy, de bien faire. Il fault estre vaillant pour soy mesme et pour l'advantage que c'est d'avoir son courage logé en une assiette ferme et asseurée contre les assaults de la fortune :

Virtus, repulsæ nescia sordidæ,
Intaminatis fulget honoribus;
Nec sumit, aut ponit secures
Arbitrio popularis auræ (2).

Montaigne, *Ess.*, l. II, ch. xvi: *De la gloire.*

*

La vertu est d'autant plus douce qu'elle nous a plus coûté.

Lucain, IX, 404.

*

Les choses les plus louables à mes yeux sont celles qui se font sans ostentation, et dont le peuple n'est pas témoin.

Cicéron, *Tusc.*, ii, 26.

---

(1) Je crois que le reste de cet hiver Roland fit des choses très dignes de mémoire, mais jusqu'ici elles ont été si secrètes, que ce n'est pas ma faute si je ne les raconte point; car Roland a toujours été plus prompt à faire de belles actions, qu'à les publier; et jamais ses exploits n'ont été divulgués, que lorsqu'il en a eu des témoins.

Ariosto, *Orlando,* cant. xi, stanz. 81.

(2) « La véritable vertu brille d'un éclat que rien ne peut ternir; elle ne connaît point les refus honteux; elle ne prend pas, elle ne quitte pas les faisceaux au gré du vent populaire. »

Hor., *Od.,* iii, 2, 17.

Chrysippus, Cleanthes, Possidonius et Hecaton (philosophes stoïciens) assurent que la vertu se peut enseigner.

Ils prouvent qu'on peut l'enseigner parce que des personnes vitieuses deviennent vertueuses... — Il y a des vertus qu'ils appellent *premières*, il y en a d'autres qu'ils nomment *inférieures;* que les premières comme les principales sont la prudence, la force, la justice et la tempérance. Celles qui leur sont sujettes sont la générosité, la continence, la patience, la conduite et le conseil. La prudence est une connoissance du bien et du mal et de ce qui est indifférent. La justice, une science de ce qu'il faut suivre, de ce qu'il faut fuir et de ce qui est entre les deux contraires. Le courage est une science qui donne une habitude pour nous mettre au dessus de ce qui peut nous arriver de bien ou de mal. La continence est un don invincible d'une véritable raison ou une habitude qui ne peut estre surmontée par les voluptez. La patience est une habitude qui nous fait arrester à ce que nous devons faire et nous détache de ce qu'il ne faut pas suivre. La conduite est une prompte habitude pour trouver tout d'un coup ce qui est du devoir. Le conseil est une science qui nous fait voir comme nous devons nous comporter, pour bien réussir dans nos entreprises. Puisqu'il y a des vertus premières et des vertus inférieures, il faut avouer qu'il se rencontre aussi des vices de mesme, sçavoir : l'imprudence, la lâcheté, l'injustice, l'intempérance, l'incontinence, la mauvaise conduite et le mauvais conseil, l'ignorance est le principe de tous ces deffauts, et la connoissance des choses est la source de toutes les vertus.

Diogène Laerce, trad. Boileau.

« Voici l'ignorance qu'on pourrait appeler justement la plus grande: c'est lorsque, tout en ayant l'opinion qu'une chose est bonne et belle, au lieu de l'aimer, on l'a en aversion; et que, au contraire, on aime et on embrasse ce qui est mauvais et injuste dans notre opinion. »

SOCRATE, d'après ARISTOTE : *Leg.*, III, 689, *a,* sqq.

*
* *

« Entre autres maux attachés à la nature humaine, est cet aveuglement de l'âme qui force l'homme à errer et qui lui fait encore chérir ses erreurs. »

SÉNÈQUE, *De Ira,* II, 9.

*
* *

Rien n'est plus honteux que de faire marcher l'assertion et la décision avant la perception et la connaissance.

CICÉRON, *Acad.*, I, 13.

*
* *

« Usez de votre propre jugement : le vice et la vertu pèsent d'un grand poids sur la conscience, et, sans elle, le reste n'est rien. »

CICÉRON, *Tusc.*, I, 25; *De Nat. deor.*, III, 35.

*
* *

« Elle (la conscience) nous sert elle-même de bourreau, et nous frappe sans cesse de fouets invisibles. »

JUVÉNAL, XIII, 195.

*
* *

Que sert de chercher les ténèbres, de fuir les yeux et les oreilles d'autrui ? Une bonne conscience défie-

3.

rait un public; une mauvaise emporte jusque dans
la solitude ses angoisses et ses alarmes. Si tes
actions sont honnêtes, qu'elles soient sues de tous;
déshonorantes, qu'importe que nul ne les connaisse?
tu les connais, toi! Que je te plains, si tu ne tiens
pas compte de ce témoin-là!

SÉNÈQUE, *Extrait de la lettre* XLIII *à Lucilius:
Vivre comme si l'on était sous les yeux de
tous. — La conscience, trad.* BAILLARD.

.*.

« Le premier châtiment du coupable, c'est qu'il
ne saurait s'absoudre à son propre tribunal. »

JUVÉNAL, *Sat.,* XIII, 2.

.*.

« Selon le témoignage que l'homme se rend à
soi-même, il a le cœur rempli de crainte ou d'espérance. »

OVIDE, *Fast.,* I, 485.

.*.

Une conscience pure aime le grand jour et défie
tous les regards : le méchant craint jusqu'aux ténèbres... — La plus prompte comme la plus grave
peine du malfaiteur est d'avoir fait le mal... — Le
supplice du crime est dans le crime même...

SÉNÈQUE, *Lettre* XCVII, *à Lucilius, trad.* BAILLARD.

.*.

« Le cœur tranquille est la vie du corps; mais
l'envie est la vermoulure des os. »

PROV., XIV, 30.

« Une âme forte s'exprime d'une manière plus calme, plus tranquille... L'esprit a la même teinte que l'âme. »

SÉNÈQUE, *Epist.* 115, 114.

•

« Les maximes des hommes décèlent leur cœur. »

VAUVENARGUES, *Réflex. et Max.*, CVII.

•

« C'est le cœur qui fait l'éloquence. »

QUINTIL., X, 7.

•

Le sentier des justes est comme la lumière resplendissante, qui augmente son éclat jusqu'à ce que le jour soit en perfection.

La voie des méchants est comme l'obscurité; ils ne savent où ils tomberont.

PROV. SAL., IV, 18, 19.

•

« Celui qui pèche, pèche contre lui-même; l'injustice commise retombe sur son auteur, puisqu'il se rend méchant lui-même. »

MARC-AURÈLE, *l.* IX, IV, *trad.* A. PIERRON.

•

« Le mal retombe sur celui qui l'a médité. »

APUD., *A. Gellium*, IV, 5.

•

Les cinq premiers préceptes de Bouddha sont : Ne point tuer, ne point voler, ne point commettre d'adultère, ne point mentir et ne point s'enivrer.

BOUDDHA (SIDDHARTHA CAKIAMOUNI).

Tu ne tueras point.

Tu ne commettras point adultère.

Tu ne déroberas point.

Tu ne diras pas de faux témoignage contre ton prochain.

MOÏSE. — Exode XX, 13, etc.

* *

En quelque lieu qu'un homme soit abandonné, il peut vivre heureux. L'homme vit heureux qui se fait une bonne fortune : or, la bonne fortune, ce sont de bonnes habitudes de l'âme, de bons désirs, de bonnes actions.

MARC-AURÈLE, l. V, XXXVI.

* *

IL N'EST DE BONHEUR QUE DANS LA VERTU

« Ces avis que je te donne, tu demandes si moi-même je me les suis donnés. Me suis-je corrigé, moi, pour avoir le droit et le loisir de réformer autrui ? — Je n'ai pas la présomption, malade que je suis, d'aller me mêlant de la cure des autres ; mais, couché comme toi dans la salle de douleur, je t'entretiens de nos infirmités communes et te communique mes recettes. Écoute-moi donc comme si je me parlais à moi-même : je t'initie aux secrets de mon âme et t'appelle en tiers à mon interrogatoire. — Fais le calcul de tes années, m'écrie-je, et rougis de vouloir encore ce que tu voulais enfant, de faire les mêmes projets. Ose enfin t'être utile, avant de mourir ; que tes vices meurent avant toi. Congédie ces plaisirs désordonnés que tu expieras chèrement : ils ne sont pas venus qu'ils nuisent déjà, ils sont partis qu'ils

nuisent encore. Tout comme les angoisses du crime,
ne l'eût-on pas pris sur le fait, ne passe point avec
le crime même; ainsi aux plaisirs déshonnêtes sur-
vit encore le repentir. Ils ne sont point solides, point
fidèles, et, lors même qu'ils ne nous nuisent pas, ils
nous délaissent. Ah! plutôt cherche autour de toi
quelque bien qui dure, et en est-il d'autre que celui
que l'âme tire d'elle-même? La vertu seule donne
une joie constante et libre de crainte : les obstacles
qui lui surviennent sont des nuages qui glissent
au-dessous d'elle et n'éclipsent jamais sa lumière.
Quand te sera-t-il donné d'atteindre à cette félicité?
Tu n'as pas encore ralenti le pas, mais hâte-toi. Il
te reste beaucoup à faire, et il te faut y consacrer
tes veilles, tes travaux, et payer de ta personne, si
tu veux réussir. Ce n'est pas chose qui se laisse faire
par délégués... »

Lettre xxvii de Sénèque à Lucilius, *trad.*
Baillard.

∗
∗ ∗

« J'ai déjà parlé de la vertu en beaucoup d'occasions, et j'aurai encore souvent à en parler. Toutes
les questions de morale nous y ramènent nécessairement. Je la définis une qualité de l'âme, mais
qualité permanente, invariable, qui, indépendamment de toute utilité, est louable par elle-même, et
rend digne de louanges ceux qui la possèdent. Par
elle nous pensons, nous voulons, nous agissons con-
formément à l'honnêteté et à la droite Raison. Pour
tout dire, en un mot, la Vertu est la Raison même. »

Cicéron, *Tusculanes*, II, iv.

∗
∗ ∗

Socrate recommande de mettre en pratique cette

inscription gravée dans le temple de Delphes :
« Connais-toi toi-même. » A ce sujet, il dit à Euthydème (*Mémorables*, I, IV, ch. ii) : « N'est-il pas
évident que les hommes ne sont jamais plus heureux que quand ils possèdent cette connaissance, ni
plus malheureux que lorsqu'ils se trompent sur leur
propre compte? En effet, ceux qui se connaissent
eux-mêmes sont instruits de ce qui leur convient et
distinguent les choses dont ils sont capables ou non.
Ils se bornent à faire ce qu'ils savent, cherchent à
acquérir ce qui leur manque, et s'abstenant complètement de ce qui est au-dessus de leur connaissance,
ils évitent les erreurs et les fautes. Mais ceux qui ne
se connaissent pas eux-mêmes et se trompent sur
leurs propres forces, sont dans la même ignorance
par rapport aux autres hommes et aux choses humaines en général: ils ne savent ni ce qui leur
manque, ni ce qu'ils sont, ni ce qui leur sert; mais,
étant dans l'erreur sur ces choses, ils laissent
échapper les biens et ne s'attirent que des maux. »

Trad. Fouillée.

*
* *

« Chascun regarde devant soy : moi, je regarde
dedans moy. »

Montaigne (Essais, liv. II, ch. xvii : De la
présomption.)

*
* *

« Personne ne cherche à descendre en soi-même. »

Perse, iv, 23.

« Ne cherchez point hors de vous-même ce que
vous êtes. »

Id., Sat. I, 5.

D'où vient que personne n'avoue ses vices? c'est qu'il en est encore esclave. Il faut être éveillé, pour raconter ses songes.

SÉNÈQUE, *Épist.*, 53.

* *

« Qui est flatté des fausses louanges? Qui redoute la calomnie? N'est-ce pas celui qui se sent coupable et qui veut tromper? »

HORACE, *Épist.* I, 16, 39.

* *

Il n'y a que ceux qui sont méprisables qui craignent d'être méprisés.

LA ROCHEFOUCAULD, *Max.* CCCXXII.

* *

S'il y a quelque chose de bienséant et d'honorable, c'est, sans contredit, une conduite uniforme et conséquente dans toutes les actions de la vie, ce qui ne peut se trouver dans un homme qui, se dépouillant de son caractère, s'attache à imiter les autres.

CICÉRON, *De offic.*, I, 31.

* *

Il n'y a pour l'homme qu'un vrai malheur, qui est de se trouver en faute et d'avoir quelque chose à se reprocher.

LA ROCHEFOUCAULD, *De l'homme*, ch. XI.

* *

« La flatterie est un commerce honteux qui n'est utile qu'au flatteur. »

THÉOPHRASTE, *Caractères*, trad. par LA BRUYÈRE.

* *

Pour faire une définition un peu exacte de cette

affectation que quelques-uns ont de plaire à tout le monde, il faut dire que c'est une manière de vivre où l'on cherche beaucoup moins ce qui est vertueux et honnête, que ce qui est agréable.

> THÉOPHRASTE, *Car. : Du complaisant ou de l'envie de plaire.*

* *

J'essaye à n'avoir nécessairement besoin de personne.

> MONTAIGNE, *Essais*, l. III, chap. IX : *De la vanité.*

* *

Ne comptez sur aucun ami dans le malheur. Mettez toute votre confiance dans votre courage et dans les ressources de votre esprit. Faites-vous, s'il se peut, une destinée qui ne dépende pas de la bonté trop inconstante et trop peu commune des hommes. Si vous méritez des honneurs, si vous forcez le monde à vous estimer, si la gloire suit votre vie, vous ne manquerez ni d'amis fidèles, ni de protecteurs, ni d'admirateurs.

Soyez donc d'abord par vous-même, si vous voulez vous acquérir les étrangers. Ce n'est point à une âme courageuse à attendre son sort de la seule faveur et du seul caprice d'autrui. C'est à son travail à lui faire une destinée digne d'elle.

> VAUVENARGUES, *Cons. à un jeune homme, sur une maxime du card. de Retz.*

* *

Il semble que le trop grand empressement est une recherche importune, ou une vaine affectation de marquer aux autres de la bienveillance par ses paroles et par toute sa conduite. Les manières d'un

homme empressé sont de prendre sur soi l'événe-
ment d'une affaire qui est au-dessus de ses forces,
et dont il ne sauroit sortir avec honneur ; et dans
une chose que toute une assemblée juge raisonnable, et où il ne se trouve pas la moindre difficulté,
d'insister longtemps sur une légère circonstance,
pour être ensuite de l'avis des autres.

THÉOPHRASTE, Car. : De l'air empressé.

Il y a un air qui convient à la figure et aux talents de chaque personne ; on perd toujours quand on
le quitte pour en prendre un autre.

Il faut essayer de connaître celui qui nous est
naturel, n'en point sortir, et le perfectionner autant
qu'il nous est possible.

Ce qui fait que la plupart des petits enfants plai-
sent, c'est qu'ils sont encore renfermés dans cet air
et dans ces manières que la nature leur a donnés et
qu'ils n'en connoissent point d'autres. Ils les changent et les corrompent quand ils sortent de l'enfance : ils croient qu'il faut imiter ce qu'ils voient,
et ils ne le peuvent parfaitement imiter ; il y a toujours quelque chose de faux et d'incertain dans
cette imitation. Ils n'ont rien de fixe dans leurs
manières et dans leurs sentiments ; au lieu d'être,
en effet, ce qu'ils veulent paroître, ils cherchent à
paroître ce qu'ils ne sont pas.

LA ROCHEFOUCAULD, Réfl. div. : De l'air et des
manières, VII.

« L'affection de Socrate (dit Xénophon dans les
Mémorables, IV, 1) ne s'adressait qu'à ceux dont les

âmes étaient *bien douées* pour la vertu. Il regardait comme l'indice d'*un bon naturel* la facilité à apprendre, une mémoire sûre, le désir de toutes les connaissances par lesquelles on peut bien gouverner et sa maison et la cité, ou, en un mot, bien user et des hommes et des choses humaines. Il pensait que de tels caractères, une fois instruits, non seulement étaient *heureux* et conduisaient sagement leur maison, mais encore qu'ils pouvaient rendre heureux et les autres hommes et les États. »

Socrate, continue Xénophon, n'agissait pas de même avec tous les caractères. Rencontrait-il de ces jeunes gens qui se croient *naturellement bons* et méprisent l'instruction, il leur prouvait que les natures qui semblent les meilleures ont le plus besoin d'éducation.

Il donnait en exemple ces généreux coursiers qui, nés vifs, impétueux, deviennent les plus utiles et les meilleurs, s'ils sont domptés dès leur jeunesse; restent-ils indomptés, ils sont les plus rétifs et les plus méchants. Le chien le mieux doué, ardent, qui s'élance à la poursuite des animaux, deviendra sans doute, s'il est bien élevé, le *meilleur* à la chasse et le plus *utile;* mais, sans instruction il est stupide, obstiné, furieux. Ainsi les hommes les mieux doués de la nature, ayant l'âme la plus forte, et les plus capables de faire ce qu'ils entreprennent, deviennent les meilleurs et les plus utiles par l'éducation et l'*instruction qui leur apprend leurs devoirs;* car alors ils accomplissent les plus grands biens et les plus nombreux; mais, sans éducation ni instruction, ils deviennent les plus méchants et les plus funestes, car ne *sachant pas distinguer ce qu'il faut faire,* ils entreprennent des choses mauvaises;

hautains et violents, ils sont difficiles à contenir et
à détourner; aussi accomplissent-ils les plus grands
maux. Quant à ceux qui, fiers de leurs richesses,
croient n'avoir besoin d'aucune instruction et qu'il
leur suffit d'avoir de la fortune pour venir à bout de
tous leurs projets, pour être honorés dans le monde,
il les corrigeait en leur disant que c'est folie de
s'imaginer que, *sans l'avoir appris, on distingue les
choses utiles des choses nuisibles;* que c'est encore
une folie, quand on ne les distingue pas, de croire
qu'avec le pouvoir d'acheter tout ce qu'on veut, on
a aussi le pouvoir de faire ce qui est avantageux;
que c'est démence, enfin, quand on est incapable de
faire ce qui est avantageux, de se croire capable de
vivre bien et heureusement.

Mém. IV, I, *trad.* FOUILLÉE.

* * *

Et je n'ai pas de honte, comme eux, d'avouer que
j'ignore ce que je ne sais point.

CICÉRON, *Tusc. quæst.*, I, 25.

* * *

« Je n'estime pas que l'on puisse donner une
idée plus juste de l'ostentation qu'en disant que
c'est dans l'homme une passion de faire montre
d'un bien ou des avantages qu'il n'a pas. »

THÉOPHRASTE, *Car.: De l'ostentation.*

* * *

« Faisant le brave en paroles, il ne fallait pas
succomber devant le fait. »

CICÉRON, *Tusc. quæst.*, II, 25.

« Tous les ridicules des hommes ne caractérisent peut-être qu'un seul vice, qui est la vanité. »

VAUVENARGUES.

.·.

« Rien ne doit tant diminuer la satisfaction que nous avons de nous-mêmes, que de voir que nous désapprouvons dans un temps ce que nous approuvions dans un autre. »

LA ROCHEFOUCAULD, *Max.*, LI.

.·.

« As-tu vu un homme qui croit être sage : il y a plus d'espérance d'un fou que de lui. »

Prov. XXVI, 12.

.·.

« On peut être sage sans éclat, sans orgueil. »

SÉNÈQUE, *Epist.* 103.

.·.

« Rien ne présente les hommes si petits à l'imagination, rien ne les fait paroître si foibles que la vanité. Il semble qu'elle soit le sceau de la médiocrité. »

VAUVENARGUES, *Réfl. div. : Contre la vanité.*

.·.

« Il faut définir l'orgueil une passion qui fait que de tout ce qui est au monde, l'on n'estime que soi. »

THÉOPHRASTE, *Car. : De l'orgueil.*

.·.

« La sotte vanité semble être une passion inquiète de se faire valoir par les plus petites choses ou de

chercher dans les sujets les plus frivoles du nom et
de la distinction. »

THÉOPHRASTE, *Car.* : *De la sotte vanité.*

.•.

« N'imite point ces hommes moins curieux de
faire des progrès que du bruit; que rien dans ton
extérieur ou dans ton genre de vie n'appelle sur toi
les yeux. Étaler une mise repoussante, une cheve-
lure en désordre, une barbe négligée, déclarer la
guerre à l'argenterie, établir son lit sur la dure,
courir enfin après un nom par les voies les moins
naturelles, fuis tout cela. Ce titre de philosophe, si
modestement qu'on le porte, est bien assez impopu-
laire; que sera-ce si nos habitudes nous retranchent
tout d'abord du reste des hommes? Je veux au dedans dissemblance complète; au dehors, soyons
comme tout le monde. Point de toge brillante ni
sordide non plus. Sans posséder d'argenterie où l'or
massif serpente en ciselure, ne croyons pas que ce
soit preuve de frugalité que de n'avoir ni or ni
argent chez soi. Ayons des façons d'être meilleures
que celles de la foule, mais non pas tout autres;
sinon nous allons faire fuir et nous aliéner ceux que
nous prétendons réformer. Nous serons cause, en
outre, que nos partisans ne voudront nous imiter
en rien, de peur d'avoir à nous imiter en tout. La
philosophie a pour principe et pour drapeau le
sens commun, l'amour de nos semblables; nous
démentirons cette devise si nous faisons divorce
avec les humains... Voici où j'aime que l'on s'arrête : je voudrais un milieu entre la vertu parfaite
et les mœurs du siècle, et que chacun, tout en

nous voyant plus haut que soi, se reconnût en
nous. »

> SÉNÈQUE, *De la philosophie d'ostentation et de
> la vraie philosophie, trad.* BAILLARD.

* *

Quoi donc! votre savoir n'est-il rien, si un autre
ne sait que vous avez du savoir?

> PERSE, *Sat.*, I, 23.

* *

« Comme si une action n'était vertueuse que lorsqu'elle a été célèbre. »

> CICÉRON, *De Offic.*, I, 4.

* *

L'homme n'est ni ange, ni bête; et le malheur
veut que qui veut faire l'ange, fait la bête.

> PASCAL, *Pens.*, 1re part., art. X, v, XIII.

* *

Être infatué de soi, et s'être fortement persuadé
qu'on a beaucoup d'esprit, est un accident qui n'arrive guère qu'à celui qui n'en a point, ou qui en a
peu : malheur pour lors à qui est exposé à l'entretien d'un tel personnage! Combien de jolies phrases
lui faudra-t-il essuyer! Combien de ces mots aven-
turiers qui paroissent subitement durent un temps,
et que bientôt on ne revoit plus! S'il conte une nouvelle, c'est moins pour l'apprendre à ceux qui
l'écoutent que pour avoir le plaisir de la dire, et de
la dire bien; elle devient un roman entre ses mains;
il fait penser les gens à sa manière, leur met en la
bouche ses petites façons de parler et les fait parler
longtemps; il tombe ensuite en des parenthèses qui

peuvent passer pour épisodes, mais qui font oublier
le gros de l'histoire, et à lui qui vous parle et à vous
qui le supportez : que seroit-ce de vous et de lui si
quelqu'un ne survenait heureusement pour déran-
ger le cercle et faire oublier la narration?

LA BRUYÈRE, *Car. : De la société et de la
conversation*, ch. v.

*
* *

« Le *moi* est haïssable : ainsi ceux qui ne l'ôtent
pas et qui se contentent de le couvrir sont toujours
haïssables. Point du tout, direz-vous; car en agissant
comme nous faisons obligeamment pour tout le
monde, on n'a pas sujet de nous haïr. Cela est vrai,
si on ne haïssait dans le *moi* que le déplaisir qui
nous en revient. Mais si je le hais, parce qu'il est
injuste, et qu'il se fait centre de tout je le haïrai
toujours. En un mot, le *moi* a deux qualités : il est
injuste en soi, en ce qu'il se fait centre de tout; il
est incommode aux autres, en ce qu'il veut les as-
servir : car chaque *moi* est l'ennemi et voudrait
être le tyran de tous les autres. Vous en ôtez l'in-
commodité, mais non pas l'injustice; et ainsi vous
ne le rendez aimable qu'aux injustes, qui n'y trouvent plus leur ennemi; et ainsi vous demeurez injuste et vous ne pouvez plus plaire qu'aux injustes. »

PASCAL, *Pens. mor. dét.*, t. I, art. ix-115,

*
* *

« Évitez bien toute immodestie. Tous les plaisirs
divins et purs, nés de l'esprit et du cœur, sont le
fruit d'une œuvre vertueuse. Ainsi souvenez-vous
de vos actions. Pour n'avoir point amassé ces vertus

antérieures, vous allez aujourd'hui là où, loin du
bien-être, on éprouve des douleurs et où l'on souffre
tous les maux. Le désir n'est ni durable ni constant ;
il est pareil à un songe, au mirage, à une illusion,
à l'éclair, à l'écume. Observez les pratiques de la
Loi ; à qui observe bien ces pratiques saintes, il n'arrive point de mal. Aimant la tradition, la morale et
l'aumône, soyez d'une patience et d'une pureté
accomplies. Agissez dans un esprit de bienveillance
réciproque, dans un esprit de secours. Souvenez-
vous du Bouddha, de la Loi et de l'Assemblée des
fidèles. Tout ce que vous voyez en moi de puissance surnaturelle, de science et de pouvoir, tout
cela est produit par l'œuvre de la vertu qui en est la
cause et vient de la tradition, de la morale et de la
modestie. Vous aussi, agissez avec cette retenue parfaite. Ce n'est ni par des sentences, ni par des paroles, ni par des cris qu'on peut atteindre la doctrine
de la vertu. Acquérez-la en agissant ; comme vous
parlez agissez ; que des efforts continuels soient faits
par vous. Il n'y a pas de récompense pour tous ceux
qui ont agi ; mais qui n'agit pas n'obtient rien.
Défendez-vous de l'orgueil, de la fierté et de l'arro-
gance ; toujours doux et ne déviant jamais du droit
chemin, faites diligence dans la voie du Nirvâna.
Exercez-vous à l'examen de la route du salut, et dis-
sipez complètement les ténèbres de l'ignorance avec
la lampe de la sagesse. Débarrassez-vous du filet des
fautes, que le repentir accompagne. Mais qu'est-il
besoin d'en dire davantage ? La Loi est remplie de
sens et de pureté. »

Préceptes du prince SIDDHARTHA, *surnommé*
CAKYAMUNI *ou* BOUDDHA.

« Que les hommes ne se moquent pas des hommes : ceux que l'on raille valent peut-être mieux que leurs railleurs ; ni les femmes des autres femmes : peut-être celles-ci valent mieux que les autres.

Le Koran, ch. XLIX, v, 11.

*
* *

« L'orgueil ne produit que des querelles ; mais la sagesse est avec ceux qui prennent conseil. »

Prov. XIII, 10.

*
* *

LA BESACE

Jupiter dit un jour : « Que tout ce qui respire
S'en vienne comparoitre aux pieds de ma grandeur ;
Si dans son composé quelqu'un trouve à redire,
    Il peut le déclarer sans peur ;
    Je mettrai remède à la chose.
Venez, singe, parlez le premier et pour cause
Voyez ces animaux, faites comparaison
    De leurs beautés avec les vôtres.
Etes-vous satisfait ? — Moi, dit-il ; pourquoi non ?
N'ai-je pas quatre pieds aussi bien que les autres ?
Mon portrait jusqu'ici ne m'a rien reproché,
Mais, pour mon frère l'ours, on ne l'a qu'ébauché.
Jamais, s'il me veut croire, il ne se fera peindre.
L'ours, venant là-dessus, on crut qu'il s'alloit plaindre.
Tant s'en faut, de sa forme il se loua très fort ;
Glosa, sur l'éléphant, dit qu'on pourroit encor
Ajouter à sa queue, ôter à ses oreilles ;
Que c'était une masse informe et sans beauté.
    L'éléphant étant écouté,
Tout sage qu'il était, dit des choses pareilles.
    Il jugea qu'à son appétit
    Dame baleine était trop grosse.
Dame fourmi trouva le ciron trop petit,
    Se croyant pour elle un colosse.
Jupin les renvoya s'étant censurés tous,

4

Du reste contents d'eux. Mais, parmi les plus fous,
Notre espèce excella; car tout ce que nous sommes,
Lynx envers nos pareils, et taupes envers nous,
Nous nous pardonnons tout, et rien aux autres hommes.
On se voit d'un autre œil qu'on ne voit son prochain.
     Le fabricateur souverain
Nous créa besaciers tous de même manière,
Tant ceux du temps passé que du temps d'aujourd'hui.
Il fit pour nos défauts la poche de derrière
Et celle de devant pour les défauts d'autrui.

LA FONTAINE, imitée d'ÉSOPE.

.˙.

« D'où vient que vous voyez une paille dans l'œil de votre frère, et que vous n'apercevez point une poutre qui est dans votre œil? Et comment pouvez-vous dire à votre frère : Laissez-moi ôter une paille qui est dans votre œil, vous qui avez une poutre dans le vôtre? Hypocrites, ôtez premièrement la poutre qui est dans votre œil; et, après cela, vous verrez comment vous pourrez ôter la paille de l'œil de votre frère. »

JÉSUS-CHRIST, Ev. de S. Mathieu, ch. VII,
v. 3 à 6.

.˙.

« Le plaisir de la critique nous ôte celui d'être vivement touché de très belles choses. »

LA BRUYÈRE, Car.: Des ouvrages de l'esprit.

.˙.

« Je définis ainsi la médisance : une pente secrète de l'âme à penser mal de tous les hommes; laquelle se manifeste par les paroles. »

THÉOPHRASTE, Car.: De la médisance.

La nature de l'amour-propre et de ce moi humain, est de n'aimer que soi et de ne considérer que soi. Mais que fera-t-il? Il ne sauroit empêcher que cet objet, qu'il aime, ne soit plein de défauts et de misères : il veut être grand, et il se voit petit; il veut être heureux, et il se voit misérable; il veut être parfait, et il se voit plein d'imperfections; il veut être l'objet de l'amour et de l'estime des hommes, et il voit que ses défauts ne méritent que leur aversion et leur mépris. Cet embarras où il se trouve, produit en lui la plus injuste et la plus criminelle passion qu'il soit possible de s'imaginer. Car il conçoit une haine mortelle contre cette vérité qui le reprend et qui le convainc de ses défauts. Il désireroit de l'anéantir; et ne pouvant la détruire en elle-même, il la détruit, autant qu'il peut, dans sa connoissance et dans celle des autres; c'est-à-dire qu'il met toute son application à couvrir ses défauts, et aux autres et à soi-même, et qu'il ne peut souffrir qu'on les lui fasse voir, ni qu'on les voie.

C'est sans doute un mal que d'être plein de défauts; mais c'est encore un plus grand mal que d'en être plein, et de ne point vouloir les reconnaître, puisque c'est y ajouter encore celui d'une illusion volontaire. Nous ne voulons pas que les autres nous trompent, nous ne trouvons pas juste qu'ils veuillent être estimés de nous plus qu'ils ne méritent : il n'est donc pas juste aussi que nous les trompions, et que nous voulions qu'ils nous estiment plus que nous ne méritons.

PASCAL, Pensées.

C'est une chose monstrueuse que le goût et la facilité qui est en nous de railler, d'improuver et de mépriser les autres ; et, tout ensemble, la colère que nous ressentons contre ceux qui nous raillent, nous improuvent et nous méprisent.

LA BRUYÈRE, *Car. de l'homme*, ch. XI.

⁎

« Nous réservons notre indulgence pour les parfaits. »

VAUVENARGUES, *Réfl. et Max.*, CLXIX.

⁎

« Qui peut, avec les plus rares talents et le plus excellent mérite, n'être pas convaincu de son inutilité, quand il considère qu'il laisse, en mourant, un monde qui ne se sent pas de sa perte, et où tant de gens se trouvent pour le remplacer ? »

LA BRUYÈRE, *Car.*, ch. II : *Du Mérite personnel.*

⁎

Ce qu'on appelle un fâcheux est celui qui, sans faire à quelqu'un un fort grand tort, ne laisse pas de l'embarrasser beaucoup. »

THÉOPHRASTE, *Caractère d'un homme incommode.*

⁎

Comme c'est le caractère des grands esprits de faire entendre en peu de paroles beaucoup de choses, les petits esprits, au contraire, ont le don de beaucoup parler et de ne rien dire.

LA ROCHEFOUCAULD, *Max.* CXLII.

Celui qui répond à un discours avant de l'avoir entendu, fait une folie et tombe dans la confusion.

Prov. XVIII, 13.

* *

Une des choses qui fait que l'on trouve si peu de gens qui paraissent raisonnables et agréables dans la conversation, c'est qu'il n'y a presque personne qui ne pense plutôt à ce qu'il veut dire qu'à répondre précisément à ce qu'on lui dit. Les plus habiles et les plus complaisants se contentent de montrer seulement une mine attentive, en même temps que l'on voit dans leurs yeux et dans leur esprit un égarement pour ce qu'on leur dit, et une précipitation pour retourner à ce qu'ils veulent dire ; au lieu de considérer que c'est un mauvais moyen de plaire aux autres ou de les persuader, que de chercher si fort à se plaire à soi-même, et que bien écouter et bien répondre est une des plus grandes perfections qu'on puisse avoir dans la conversation.

La Rochefoucauld, *Max.* CXXXIX.

* *

La sotte envie de discourir vient d'une habitude qu'on a contractée de parler beaucoup et sans réflexion.

Théophraste, *Car.: De l'impertinent : du diseur de riens. — Trad. par* La Bruyère.

* *

L'on se repent rarement de parler peu ; très souvent de trop parler ; maxime usée et triviale, que tout le monde sait et que tout le monde ne pratique pas.

La Rochefoucauld, *De l'homme*, ch. XI.

4.

Entendant un jeune garçon débiter des fadaises, Zénon lui dit : « Nous avons deux oreilles et une seule bouche pour écouter beaucoup et parler peu. »

Dans un repas auquel assistaient les envoyés de Ptolémée, désireux de faire à leur roi un rapport sur son compte, il garda un silence absolu; ils lui en demandèrent la raison : « C'est, dit-il, pour que vous rapportiez au roi qu'il y a ici quelqu'un qui sait se taire. »

DIOGÈNE DE LAERTE, *Vie de Zénon, trad.* ZEVORT.

*
* *

C'est une grande misère que de n'avoir pas assez d'esprit pour bien parler, ni assez de jugement pour se taire. Voilà le principe de toute impertinence.

LA BRUYÈRE, *Car.: De la société et de la conversation.*

*
* *

La véritable éloquence consiste à dire tout ce qu'il faut, et à ne dire que ce qu'il faut.

LA ROCHEFOUCAULD, *Max.* CCI.

*
* *

Pourquoi faut-il que nous ayons assez de mémoire pour retenir jusqu'aux moindres particularités de ce qui nous est arrivé, et que nous n'en ayons pas assez pour nous souvenir combien de fois nous les avons contées à une même personne?

LA ROCHEFOUCAULD, *Max.* CCCXIII.

*
* *

« Il faut non seulement faire attention à ce que

chacun dit, mais examiner encore ce que chacun pense, et pourquoi il le pense. »

CICÉRON, *De offic.*, I, 41.

*
* *

Ce qui fait que peu de personnes sont agréables dans la conversation, c'est que chacun songe plus à ce qu'il a dessein de dire qu'à ce que les autres disent, et que l'on n'écoute guère quand on a bien envie de parler.

Néanmoins, il est nécessaire d'écouter ceux qui parlent. Il faut leur donner le temps de se faire entendre, et souffrir même qu'ils disent des choses inutiles. Bien loin de les contredire et de les interrompre, on doit, au contraire, entrer dans leur esprit et dans leur goût, montrer qu'on les entend, louer ce qu'ils disent autant qu'il mérite d'être loué, et faire voir que c'est plutôt par choix qu'on les loue que par complaisance.

Pour plaire aux autres, il faut parler de ce qu'ils aiment et de ce qui les touche, éviter les disputes sur des choses indifférentes, leur faire rarement des questions, et ne leur laisser jamais croire qu'on prétend avoir plus de raison qu'eux.

On doit dire les choses d'un air plus ou moins sérieux, et sur des sujets plus ou moins relevés, selon l'humeur et la capacité des personnes que l'on entretient, et leur céder aisément l'avantage de décider, sans les obliger de répondre quand ils n'ont pas envie de parler.

Après avoir satisfait de cette sorte aux devoirs de la politesse, on peut dire ses sentiments en montrant qu'on cherche à être de l'avis de ceux qui écoutent, sans marquer de présomption ni d'opiniâtreté.

Évitons surtout de parler souvent de nous-mêmes et de nous donner pour exemple. Rien n'est plus désagréable qu'un homme qui se cite lui-même à tout propos.

On ne peut aussi apporter trop d'application à connaître la pente et la portée de ceux à qui l'on parle, pour se joindre à l'esprit de celui qui en a le plus, sans blesser l'inclination ou l'intérêt des autres par cette préférence.

Alors on doit faire valoir toutes les raisons qu'il a dites, ajoutant modestement nos propres pensées aux siennes, et lui faisant croire autant qu'il est possible que c'est de lui qu'on les prend.

Il ne faut jamais rien dire avec un air d'autorité, ni montrer aucune supériorité d'esprit. Fuyons les expressions trop recherchées, les termes durs ou forcés, et ne nous servons point de paroles plus grandes que les choses.

Il n'est pas défendu de conserver ses opinions, si elles sont raisonnables. Mais il faut se rendre à la raison aussitôt qu'elle paraît, de quelque part qu'elle vienne; elle seule doit régner sur nos sentiments : mais suivons-la sans heurter les sentiments des autres et sans faire paroître du mépris de ce qu'ils ont dit.

Il est dangereux de vouloir être toujours le maître de la conversation et de pousser trop loin une bonne raison quand on l'a trouvée. L'honnêteté veut que l'on cache quelquefois la moitié de son esprit, et qu'on ménage un opiniâtre qui se défend mal pour lui épargner la honte de céder.

On déplaît sûrement quand on parle trop long-temps et trop souvent d'une même chose, et que l'on cherche à détourner la conversation sur des sujets dont on se croit plus instruit que les autres. Il faut entrer indifféremment sur tout ce qui leur est agréable, s'y arrêter autant qu'ils le veulent et s'éloigner de tout ce qui ne leur convient pas.

Toute sorte de conversation, quelque spirituelle qu'elle soit, n'est pas également propre à toutes sortes de gens d'esprit. Il faut choisir ce qui est de leur goût, et ce qui est convenable à leur condition, à leur sexe, à leurs talents, et choisir même le temps de le dire.

Observons le lieu, l'occasion, l'humeur où se trouvent les personnes qui nous écoutent : car, s'il y a beaucoup d'art à savoir parler à propos, il n'y en a pas moins à savoir se taire. Il y a un silence éloquent qui sert à approuver et à condamner; il y a un silence de discrétion et de respect. Il y a enfin des tons, des airs et des manières qui font tout ce qu'il y a d'agréable ou de désagréable, de délicat ou de choquant dans la conversation

Mais le secret de s'en bien servir est donné à peu de personnes. Ceux même qui en font des règles s'y méprennent souvent; et la plus sûre qu'on en puisse donner, c'est écouter beaucoup, parler peu et ne rien dire dont on puisse avoir sujet de se repentir.

LA ROCHEFOUCAULD, Réflexions diverses,
ch. v: De la conversation.

*
* *

« Cette ignorance du temps et de l'occasion est une manière d'aborder les gens, ou d'agir avec eux, toujours incommode et embarrassante. »

THÉOPHRASTE, Car.: Du contre-temps.

CHAPITRE II

MÉPRIS DES RICHESSES

Un sage se contente d'une petite fortune, et les plus grandes affaires se manient par son conseil.

DIOGÈNE LAERCE, *Vie d'Epicure*.

.•.

Où courez-vous, mortels? Ne voyez-vous pas que vous ne faites rien de ce que vous devriez faire? Le but de tous vos soins est d'amasser des richesses et de les transmettre à vos enfants, sans vous inquiéter de l'usage qu'ils en feront. Vous ne songez pas à leur trouver des maîtres qui leur enseignent la justice!... Et quand, après vous être instruits dans les lettres, les arts des Muses et la gymnastique, — ce que vous croyez être la parfaite éducation pour devenir vertueux, — vous voyez que ni vous ni vos enfants n'en êtes moins ignorants sur le meilleur usage à faire de vos richesses, comment n'êtes-vous pas scandalisés de cette éducation et ne cherchez-vous pas des maîtres qui fassent disparaître cette fâcheuse dissonance?... Vous prétendez que l'injustice est volontaire et réfléchie, et qu'elle ne vient pas du manque de lumière et de l'ignorance, et cependant vous sentez que l'injustice est honteuse et haïe des dieux; quel est donc celui qui choisirait volontairement un tel mal? En vérité, nous devons, chacun de nous en particulier et tous les États en général, nous montrer moins négligents que nous ne le sommes aujourd'hui.

Socrate, dans le CLITOPHON de *Platon.*

. . .

« Les trésors entassés, les faisceaux consulaires ne peuvent chasser les cruelles agitations de l'esprit, ni les soucis qui voltigent sous les lambris dorés...»

HORACE. *Od. II,* 16, 9.

. . .

Un morceau de pain sec, où il y a la paix, vaut mieux qu'une maison pleine de viandes apprêtées, où il y a des querelles.

PROV. XVII, 1.

. . .

Un jeune homme (Socrate) demanda à Prodicus quand la richesse lui semblait un bien et quand elle lui semblait un mal. Prodicus lui répondit que c'est un bien pour les hommes bons et vertueux et pour ceux qui connaissent l'usage des richesses, mais que, pour les méchants et ceux qui n'en connaissent pas l'usage, c'est un mal. C'est comme toutes les autres choses : elles sont ce que sont ceux qui en font usage, et c'est avec bien de la raison qu'Archiloque a dit : « Le sage est sage dans tout ce qu'il fait. »

Trad. FOUILLÉE.

. . .

« Une grande fortune est une grande servitude. »

SÉNÈQUE, *Consol. ab Polybienn.,* c. XXVI.

Le fruit des richesses est dans l'abondance, et la preuve de l'abondance, c'est le contentement.

CICÉRON, *Paradox.*, VI, 2.

* *

« Ce vice (l'avarice) est dans l'homme un oubli de l'honneur et de la gloire, quand il s'agit d'éviter la moindre dépense. »

THÉOPHRASTE : *Car. : De l'avarice.*

* *

Celui qui aime l'argent n'est point rassasié par l'argent, et celui qui aime un grand train n'en est pas nourri. Cela aussi est une vanité.

ECCLÉSIASTE, V, 10.

* *

« Si quelqu'un gouvernait sa vie d'après les vrais principes de la raison, il trouverait qu'il a de grandes richesses, s'il peut se contenter de peu sans se plaindre; quand on a peu de chose, on ne manque jamais de rien. Mais les hommes ont voulu être illustres et puissants, pour que leur fortune reposât sur un fondement solide et qu'ils pussent mener une vie opulente et tranquille.

En vain : car en luttant pour atteindre le sommet des honneurs, ils ont rendu périlleuse la route de la vie; et cependant du sommet, comme un coup de foudre, souvent l'envie précipite ses victimes pêle-mêle dans le noir Tartare; en sorte que mieux vaut de beaucoup se tenir tranquille et obéir, que de vouloir gouverner les choses à sa fantaisie et occuper le trône.

Oui, laisse-les se fatiguer en vain et suer du sang,
luttant dans l'étroit chemin de l'ambition, car les
hautes places sont souvent en butte aux traits de
l'envie, comme les monts sont frappés par la foudre
et en général tous les sommets ; laisse-les, puisqu'ils
ne goûtent rien que d'après la bouche d'autrui,
qu'ils ne savent rien que par ouï-dire, n'éprouvant
rien par eux-mêmes. Et les choses ne sont pas telles
aujourd'hui plus qu'elles ne le seront demain ou
qu'elles ne l'ont été hier ».

LUCRÈCE, ch. v, p. 243.

* *

C'est être riche que n'être pas avide de richesses ;
c'est un revenu que de n'avoir pas la passion
d'acheter.

CICÉRON, *Paradox.*, VI, 3.

* *

« Souvent il se disait à lui-même (Socrate), en exa-
minant la multitude des objets mis en vente sur le
marché : « Que de choses dont je n'ai pas besoin ! »

DIOG. DE LAERTE, *Vie de Socrate, trad.* CH. ZEVORT.

* *

« Qui vit content de peu possède toute chose. »

BOILEAU.

* *

« S'il est vrai que l'on soit pauvre par toutes les
choses que l'on désire, l'ambitieux et l'avare lan-
guissent dans une extrême pauvreté. »

LA BRUYÈRE, *Des biens de fortune.*

5

Si nous n'avons pas eu connaissance de quelque chose de meilleur, c'est ce que nous avons sous la main qui nous plaît et nous semble bon. Puis on découvre quelque chose qui vaut mieux, qui fait tort à ce que nous aimions et change nos impressions. Ainsi vint la haine du gland ; ainsi furent abandonnés les lits faits d'herbes et de feuillage (au temps des premiers hommes). Les peaux, les vêtements empruntés aux bêtes furent dédaignés ; et pourtant celui qui le premier imagina de les porter, dut exciter l'envie au point de trouver la mort au sein des embûches ; et cependant son vêtement, déchiré aux mains des combattants, périt et nul ne put en jouir.

C'étaient donc alors des peaux, c'est maintenant l'or et la pourpre qui tourmentent la vie des hommes et les contraignent à la guerre. Aussi, à mon avis, la faute qui en retombe sur nous n'est-elle que plus grande. Car le froid torturait les fils de la terre qui n'avaient point de peaux pour se couvrir ; mais nous, nous ne souffrons en rien quand nous n'avons ni robe de pourpre, ni vêtements chamarrés et brodés d'or, pourvu toutefois que nous ayons une étoffe commune pour nous garantir.

Ainsi la race humaine lutte et se fatigue toujours en vain, et consume sa vie en soins inutiles : c'est qu'elle ne sait pas mettre de terme au désir de la possession et qu'elle ignore la source des vrais plaisirs. »

LUCRÈCE, *De la nat. des ch.*, c. v, p. 253.

trad. LAVIGNE.

*
* *

« C'est posséder les biens que savoir s'en passer. »

REGNARD, *Le joueur.*

« De mon peu de besoins je forme mon trésor. »

DELILLE, *Imagin.*

＊
＊ ＊

Socrate eut avec le sophiste Antiphon un entretien digne d'être raconté. Antiphon tâchait d'enlever à Socrate ses disciples. Il vint un jour le voir
et lui parla ainsi en leur présence :

— « Je croyais, Socrate, que ceux qui professent
la philosophie devaient être plus heureux ; mais il
me semble que tu tires de la '̀ ilosophie un parti
contraire. A la manière dont tu vis, un esclave
nourri comme toi ne resterait pas chez son maître.
Tu en es réduit à faire usage des mets les plus
grossiers et des plus viles boissons. C'est peu d'être
couvert d'un méchant manteau qui te sert hiver
comme été ; tu n'as ni chaussures ni tunique. De
plus, tu refuses de l'argent ; on *aime* pourtant à s'en
procurer ; et quand on en possède il fait vivre avec
plus de *liberté* et *d'agrément.* Dans toutes les profes-
sions, les élèves suivent l'exemple du maître ; si
ceux qui te fréquentent te ressemblent, crois bien
que tu es maître de malheur. »

— « Antiphon, répondit Socrate, tu me parais
croire que je vis bien tristement, et, j'en suis sûr,
tu aimerais mieux mourir que de vivre comme moi.
Voyons donc ce que tu trouves de si dur dans ma
façon de vivre. D'abord ceux qui reçoivent de l'argent sont dans la nécessité de remplir la condition
sous laquelle ils obtiennent un salaire. Pour moi,
qui n'en reçois pas, suis-je forcé de m'entretenir
avec qui je ne veux pas ? Tu méprises mes aliments ;
sont-ils moins salubres que les tiens, moins nourris-

sants, plus difficiles à trouver, plus rares, et plus
chers?

Ou bien les mets que tu te procures te sont-ils
plus agréables que les miens ne le sont pour moi?
Ignores-tu que celui qui mange avec le plus de
plaisir a le moins besoin d'assaisonnements, et que
celui qui boit avec le plus de plaisir ne songe même
pas aux boissons qu'il n'a pas?

Quant aux vêtements, continue Socrate, tu sais
qu'on en change pour se garantir du chaud et du
froid, que l'on porte des chaussures dans la crainte
de se blesser en marchant. Eh bien, m'as-tu vu
jamais retenu à la maison par le froid, ou durant la
chaleur, disputant l'ombrage à quelqu'un? Ou, enfin,
ne pouvant aller où je voulais, parce que j'avais les
pieds blessés? Tu le sais, ceux qui ont un corps
naturellement faible, deviennent, en s'exerçant,
supérieurs, dans les exercices, même aux hommes
plus robustes qui ne sont point exercés, et ils supportent plus facilement la fatigue; et tu ne crois
pas qu'après avoir exercé mon corps à supporter
tout ce qui lui survient, je ne résisterai pas plus
facilement à toutes choses que toi, qui ne t'exerces
pas?

Pourquoi ne suis-je pas esclave du ventre et du
sommeil? La cause n'en est-elle pas que je connais
d'autres plaisirs plus doux, qui ne me réjouissent
pas seulement par la satisfaction d'un besoin présent, mais par l'espérance *d'avantages toujours
durables*? Tu le sais, cependant, ceux qui ne croient
pas réussir *à faire rien de bien*, ne se réjouissent
pas; mais ceux qui croient bien réussir dans l'agri-
culture, dans la navigation, ou dans quelque travail
que ce soit, ceux-là se réjouissent, comme faisant

bien et étant heureux. Penses-tu donc qu'il y ait
dans toutes les choses dont tu parles autant de
plaisir que dans la conscience qu'on devient meilleur
soi-même, et qu'on acquiert de meilleurs amis?
Voilà, dit Socrate, la pensée qui remplit ma vie
entière. S'il faut servir ses amis et sa patrie, qui en
aura plus le loisir de celui qui vit comme moi, ou
de celui qui mène cette vie dans laquelle tu places
le bonheur? Quel sera le meilleur soldat, de celui
qui ne saurait se passer d'une table somptueuse, ou
de celui qui se contente de ce qu'il rencontre? Qui
soutiendra plus constamment un siège, de celui qui
veut chercher des mets à grands frais ou de celui
qui vit content des aliments les plus simples? Les
délices et le luxe, voilà ce que tu appelles le bonheur ;
mais, à mon avis, n'avoir aucun besoin est divin,
et en avoir le moins possible est le plus près du
divin ; or le divin est ce qu'il y a de meilleur,
et le plus près du divin est le plus près du meilleur. »

MÉM. I, VI, *trad.* FOUILLÉE.

*
* *

« Qu'il (le Sage), soit appelé à remplir les charges
de la République : qu'y a-t-il au-dessus d'un magistrat, dont la prudence voit ce qu'il y a d'utile aux
citoyens ; dont la justice lui ferme les yeux sur ses
intérêts propres ; et qui fait servir généralement
toutes les vertus au bien public? Joignez-y les doux
fruits qu'il retire de l'amitié ; soit pour avoir en
toute occasion et des conseils, et des ressources ;
soit pour goûter les douceurs qu'une aimable société
procure dans un commerce journalier. Que peut-

on vouloir de plus pour être heureux ? Tous les dons
de la fortune n'ont rien de comparable à une vie si
délicieuse ; et puisqu'on la doit aux biens de
l'âme, c'est-à-dire aux vertus, vous êtes forcé de
convenir que les Sages sont heureux. »

CICÉRON, Tuscul., v.

CHAPITRE III

PHILOSOPHIE

La philosophie n'est point un art d'éblouir le peuple, une science de parade; ce n'est pas dans les mots, c'est dans les choses qu'elle consiste. Elle n'est point faite pour servir de distraction et tuer le temps, pour ôter au désœuvrement ses dégoûts; elle forme l'âme, elle la façonne, règle la vie, guide les actions, montre ce qu'il faut pratiquer ou fuir, siège au gouvernail et dirige à travers les écueils notre course agitée. Sans elle point de sécurité; combien d'incidents, à toute heure, exigent des conseils qu'on ne peut demander qu'à elle! »

SÉNÈQUE, *Lett.* xvi *à Lucilius, trad.* BAILLARD.

.•.

« Philosophie, seule capable de nous guider! ô toi, qui enseignes la vertu, et qui domptes le vice! que ferions-nous, et que deviendrait le genre humain sans ton secours? »

CICÉRON, *Tusculane* v : *De la vertu.*

.•.

Elle (la philosophie) est également utile aux pauvres et aux riches; les jeunes gens et les vieillards, s'ils la négligent, s'en trouveront également mal.

HOR., *Epist.* i, 1, 25.

.•.

N'y a-t-il point tel jour dans l'existence où l'on

est éprouvé par de si injustes douleurs, frappé par
des déceptions si odieuses que le monde et la vie
paraissent n'avoir plus de sens, que notre raison
trahie, que notre cœur blessé se révoltent, et que
notre main se lève, comme d'elle-même, pour accu-
ser un ciel vide? Les uns se redressent après de telles
secousses, les autres jamais ; mais ces heures cruelles
sonnent tôt ou tard pour la plupart des âmes, et quiconque ne les connaît pas n'a point vécu.   .   .   .

.   .   .   .

...Salut donc, lettres chéries, douces et puissantes
consolatrices! Depuis que notre race a commencé
à balbutier ce qu'elle sent et ce qu'elle pense, vous
avez comblé le monde de vos bienfaits ; mais le
plus grand de tous c'est la paix que vous pouvez
répandre dans nos âmes. Vous êtes comme ces
sources limpides, cachées à deux pas du chemin,
sous de frais ombrages ; celui qui vous ignore continue à marcher d'un pied fatigué ou tombe épuisé
sur la route. Celui qui vous connaît, nymphes bien-
faisantes, accourt à vous, rafraîchit son front brû-
lant, lave ses mains flétries, et rajeunit en vous son
cœur. Vous êtes éternellement belles, éternellement
pures, clémentes à qui vous revient, fidèles à qui
vous aime. Vous nous donnez le repos, et si nous
savons vous adorer avec une âme reconnaissante et
un esprit intelligent, vous y ajoutez par surcroît
quelque gloire. Qu'il se lève d'entre les morts et
qu'il vous accuse, celui que vous avez trompé !

PRÉVOST-PARADOL, *Essais de politique et de
littérature.* (LUCRÈCE.)

Il ne faut pas qu'un jeune homme diffère de s'a-

donner à la philosophie, ny qu'un vieillard se lasse
d'y travailler; parce qu'il n'y a personne de trop
jeune, ny de trop âgé, pour avoir l'esprit sain; et
celuy qui prend prétexte, qu'il n'est pas encore
dans l'âge, ou qu'il l'a passé, fait comme celuy
qui diroit que le temps d'être heureux n'est pas
venu ou qu'il s'est écoulé. Il faut donc philosopher
et vieux et jeune; jeune, afin qu'en vieillissant il
continue à croistre en vertu comme en âge, persévérant toûjours dans l'estude qu'il aura bien commencé; vieux, afin qu'estant chargé d'années, il ait
encore la douceur de la jeunesse dans son âme, ne
se mettant point en peine de l'avenir, ny mesme
du présent. Il faut donc songer aux choses qui peuvent faire nostre bonheur, parce que pendant que
nous le possédons, nous ne manquons de rien, et
lorsque nous ne l'avons point, nous faisons tous nos
efforts pour l'acquérir; c'est pourquoy appliquez-
vous à faire tout ce que je vous ay conseillé, vous
persuadant que toutes ces choses sont les principes
de bien vivre.

> EPICURE, d'après *Diogène Laërce*, l. X,
> *De la vie des plus célèbres philo-
> sophes, trad.* BOILEAU.

*
* *

Rien n'est plus doux que d'habiter ces hauteurs
sereines, que la science défend, refuge des sages; et
de pouvoir de cet asile jeter les yeux sur les autres
hommes, et de les voir çà et là s'égarer, et vaga-
bonds chercher la route de la vie, faire assaut de
génie, se disputer sur la noblesse du sang, nuit et
jour s'efforcer à un dévorant labeur pour s'élever
jusqu'à la fortune et posséder le pouvoir.

5.

O misérables cœurs des hommes! ô esprits aveuglés! Dans quelles ténèbres, au milieu de quels dangers s'écoule ce peu que vous avez de vie! Ne voyez-vous pas ce que la nature réclame à grands cris, un corps d'où la douleur soit à jamais absente, une âme capable de jouir, de sentir, d'aimer loin des soucis et des craintes?

Aussi pour les besoins du corps voyons-nous qu'il n'est besoin que de peu de chose, de ce qui nous garantit de la douleur, et de ce qui émeut doucement nos sens : la nature pour être satisfaite, ne réclame rien de plus. Si vous n'avez point dans vos demeures des statues d'or représentant des esclaves dont les mains retiennent des flambeaux allumés, qui par leur lumière éclairent vos nocturnes festins; si votre maison ne brille ni de l'éclat de l'argent, ni de la splendeur de l'or; si les sons de la lyre ne retentissent point sous les lambris de vos plafonds dorés, qu'importe? Couchés entre vous, sur les molles pelouses, près d'une source vive, sous l'ombrage d'un arbre touffu, sans grand frais, vous réjouissez vos sens surtout quand la saison sourit, et que l'année sème de fleurs l'herbe verte.

Non, les fièvres brûlantes ne quitteront pas plus promptement votre corps, que vous soyez couché sur des étoffes brodées et sur la pourpre éclatante, ou que vous languissiez sur un grabat d'étoffe commune.

Aussi, puisque ni les richesses, ni la noblesse, ni la gloire qui environne un trône, ne contribuent au bonheur du corps, on peut penser qu'en somme elles ne servent non plus de rien à l'âme. Sans quoi, lorsque vous voyez vos légions se déployer dans une plaine, faisant le simulacre d'un combat; lorsque vous voyez vos flottes se dérouler au loin et s'élancer,

vos superstitions, effrayées de cet appareil, quitte-
raient votre âme, terrifiées, et la crainte de la mort
faiblirait dans votre cœur paisible, vide de tout souci.

Mais puisque c'est là une vaine illusion, une imagination visible; puisque la peur et les inquiétudes
s'acharnent après les hommes en dépit du bruit des
armes et du choc des épées et vont s'asseoir auda-
cieusement jusque parmi les rois et les premiers de
ce monde, sans respect pour l'éclat de l'or, ni pour
la splendeur imposante de la robe de pourpre, pourquoi douter encore que ces terreurs ne doivent
s'attribuer à la pauvreté de notre raison, pauvres
humains dont toute la vie s'écoule péniblement
dans les ténèbres?

Car de même que les enfants s'effrayent et s'alar-
ment de tout pendant la nuit, de même nous autres
en plein jour nous redoutons des choses qui ne sont
pas plus à craindre que ces fantômes dont les enfants
ont peur dans l'obscurité, où ils s'imaginent qu'ils
vont apparaître. Aussi ces terreurs de l'âme, ces
ténèbres, ce n'est point des rayons du soleil ni de la
pure lumière du jour qu'il est besoin pour les dis-
siper : la nature suffit et son étude attentive.....

LUCRÈCE, *De la nature des choses*, chant II.

* *

.....C'est au profit de la postérité que je travaille;
c'est pour elle que je rédige quelques utiles leçons, quelques salutaires avertissements, comme
autant de recettes précieuses que je confie au papier,
pour en avoir éprouvé la vertu sur mes propres plaies;
car, si la guérison n'a pas été complète, le mal a
cessé de s'étendre. Le droit chemin, que j'ai connu
tard et lorsque j'étais las d'errer, je l'indique aux

autres; je leur crie : Évitez tout ce qui séduit le
vulgaire, tout ce que le hasard dispense. Tenez tous
ses dons pour suspects et tremblez d'y toucher.
L'habitant des bois ou de l'onde se laisse prendre à
l'appât qui l'allèche. Les présents de la fortune,
comme vous les appelez, sont ses pièges. Qui veut
vivre à l'abri de ses coups devra fuir au plus loin la
glu perfide de ses faveurs. Car ici, trop malheu-
reuses dupes, nous croyons prendre et nous sommes
pris. Cette course rapide vous mène aux abîmes;
cette éminente position a pour terme la chute; et
s'arrêter n'est plus possible, dès qu'une fois l'on cède
au vertige de la prospérité. Ou jouis au moins de
tes actes, ou jouis de toi-même. Ainsi la fortune ne
culbute point l'homme; elle le courbe et le froisse
seulement.

Un plan de vie aussi profitable au physique qu'au
moral et qu'il faut garder, c'est de n'avoir de complaisance pour le corps que ce qui suffit pour la
santé. Il le faut durement traiter, de peur qu'il n'o-
béisse mal à l'esprit; le manger doit seulement
apaiser la faim, le boire éteindre la soif, le vêtement garantir du froid, le logement abriter contre
l'inclémence des saisons. Qu'il soit construit de gazon
ou de marbre étranger de nuances diverses, il n'importe : sachez tous qu'on est aussi bien à couvert
sous le chaume que sous l'or. Méprisez toutes ces
laborieuses superfluités qu'on nomme ornements et
décorations; dites-vous bien que dans l'homme rien
n'est admirable que l'âme, que pour une âme grande
rien n'est grand. . . . .

. . . .

... C'est encore dans Épicure que j'ai lu aujourd'hui cette maxime : « Fais-toi l'esclave de la

philosophie, pour jouir d'une vraie indépendance. »
Elle n'ajourne pas celui qui se soumet, qui se livre
à elle. Il est tout d'abord affranchi; car l'obéissance
à la philosophie c'est la liberté.....

SÉNÈQUE, *Lettre* VIII *à Lucilius: Travail du sage
sur lui-même. Mépris des biens extérieurs.*
— *Trad.* BAILLARD.

⁎⁎

Apprenez, maintenant, quels avantages apporte
avec soi la simplicité du régime. Avant tout vous
vous portez bien.....

Voyez ces intempérants se lever pâles de la table
où, entre tant de mets, hésitait leur gourmandise.
Un corps appesanti par les excès de la veille fait
sentir son poids même à l'âme, et rabaisse vers la
terre cette portion du souffle divin. Au contraire,
cet autre, lorsque, refait en un moment par quelque
nourriture, il a livré ses membres au sommeil, revient frais et dispos aux devoirs qui l'attendent.

HORACE, *Satires*, trad. PATIN.

⁎⁎

L'homme n'est qu'un roseau le plus faible de la
nature; mais c'est un roseau pensant. Il ne faut pas
que l'univers entier s'arme pour l'écraser. Une va-
peur, une goutte d'eau suffit pour le tuer. Mais
quand l'univers l'écraserait, l'homme serait encore
plus noble que ce qui le tue, parce qu'il sait qu'il
meurt; et l'avantage que l'univers a sur lui, l'univers n'en sait rien. Ainsi toute notre dignité consiste dans la pensée. C'est de là qu'il faut nous relever, non de l'espace et de la durée. Travaillons
donc à bien penser; voilà le principe de la morale.

PASCAL, *Pensées*, art. IV.

« Je vais parler, mais sans rien affirmer; je cher-
cherai toujours, je douterai souvent, et je me dé-
fierai de moi-même. »

CICÉRON, *De divinit. Deor.,* II, 3.

* * *

« Rien n'est plus étrange dans la nature de l'homme
que les contrariétés qu'on y découvre à l'égard de
toute chose. Il est fait pour connaître la vérité; il
la désire ardemment, il la cherche; et cependant
quand il tâche de la saisir, il s'éblouit et se confond
de telle sorte, qu'il donne sujet de lui en disputer
la possession. »

PASCAL, *Pensées.*

* * *

« L'esprit de l'homme est une lampe divine; elle
sonde jusqu'aux choses les plus profondes. »

Prov. XX, 27.

* * *

« Je blâme également et ceux qui prennent le
parti de louer l'homme, et ceux qui le prennent de
le blâmer, et ceux qui le prennent de le divertir; et
je ne puis approuver que ceux qui cherchent en
gémissant. »

PASCAL, *Pensées.*

* * *

L'ennui vient du sentiment de notre vide; la pa-
resse naît d'impuissance; la langueur est un témoignage de notre faiblesse, et la tristesse, de notre
misère.

VAUVENARGUES, *De l'esprit humain,* XL; *De l'estime, du respect et du mépris.*

* * *

Lorsque nous regardons les célestes hauteurs de

ce vaste univers, [et le [firmament semé d'étoiles
brillantes, et que nous réfléchissons sur le cours du
soleil et de la lune; alors un souci que d'autres
maux avaient étouffé commence à s'éveiller au fond
de nos cœurs et à lever la tête, et nous nous de-
mandons s'il n'y aurait point des Dieux doués d'un
immense pouvoir capable d'imprimer leur mouvement aux constellations de l'azur. La pauvreté de
notre raison étonne en effet notre esprit en proie
au doute, quand nous voulons savoir quelle a été
l'origine de la naissance du monde, quelle sera sa
fin, et jusques à quand la ceinture des mondes
pourra supporter la fatigue d'un mouvement perpétuel, ou si, ayant reçu par un don divin l'éternelle
vie, elle pourra durant le cours de l'éternité entière,
mépriser la force irrésistible des siècles.

LUCRÈCE, ch. V, p. 240.

**

« Ah que les bornes de notre esprit sont
étroites ! »

CICÉRON. De nat. Deor., I, 31.

**

« L'homme poursuit sans cesse l'illusion qui lui
échappe, et néglige l'utile vérité qui repose à ses
pieds. »

BERNARDIN DE SAINT-PIERRE, Étud., x.

**

« La première chose qui s'offre à l'homme quand
il se regarde, c'est son corps, c'est-à-dire une certaine portion de matière qui lui est propre. Mais pour
comprendre ce qu'elle est, il faut qu'il la compare
avec tout ce qui est au-dessus de lui et tout ce qui
est au-dessous, afin de reconnaître ses justes bornes.

Qu'il ne s'arrête donc pas à regarder simplement

les objets qui l'environnent; qu'il contemple la nature entière dans sa haute et pleine majesté; qu'il
considère cette éclatante lumière, mise comme une
lampe éternelle pour éclairer l'univers; que la terre
lui paraisse comme un point, au prix du vaste tour
que cet astre décrit; et qu'il s'étonne de ce que ce
vaste tour n'est lui-même qu'un point très délicat,
à l'égard de celui que les astres qui roulent dans le
firmament, embrassent. Mais si notre vue s'arrête
là, que l'imagination passe outre. Elle se lassera
plutôt de concevoir, que la nature de fournir. Tout
ce que nous voyons du monde, n'est qu'un trait
imperceptible dans l'ample sein de la nature. Nulle
idée n'approche de l'étendue de ses espaces. Nous
avons beau enfler nos conceptions, nous n'enfan-
tons que des atomes, au prix de la réalité des
choses. C'est une sphère infinie, dont le centre est
partout, la circonférence nulle part. Enfin c'est un
des plus grands caractères sensibles de la toute-
puissance de Dieu, que notre imagination se perde
dans cette pensée (1).

Que l'homme, étant revenu à soi, considère ce
qu'il est, au prix de ce qui est; qu'il se regarde
comme égaré dans ce canton détourné de la nature;
et que de ce que lui paraîtra ce petit cachot où il
se trouve logé, c'est-à-dire, ce monde visible, il
apprenne à estimer la terre, les royaumes, les villes
et soi-même, son juste prix.

Qu'est-ce que l'homme dans l'infini? Qui peut le

---

(1) Nous y voyons plutôt le caractère sensible de notre impuissance à faire d'un seul coup la synthèse de l'univers. Il ne faut
pas oublier d'ailleurs que Pascal est mort à la peine en cherchant
à concilier les aperçus de son génie avec les dogmes de sa foi.

comprendre? Mais pour lui présenter un autre pro-
dige aussi étonnant, qu'il recherche dans ce qu'il
connaît, les choses les plus délicates. Qu'un ciron,
par exemple, lui offre dans la petitesse de son corps,
des parties incomparablement plus petites, des
jambes avec des jointures, des veines dans ces
jambes, du sang dans ces veines, des humeurs
dans ce sang, des gouttes dans ces humeurs, des
vapeurs dans ces gouttes ; que, divisant encore ces
dernières choses, il épuise ses forces et ses conceptions, et que le dernier objet où il peut arriver,
soit maintenant celui de notre discours. Il pensera
peut-être que c'est là l'extrême petitesse de la nature. Je veux lui faire voir là-dedans un abîme nouveau. Je veux lui peindre, non seulement l'univers
visible, mais encore tout ce qu'il est capable de
concevoir de l'immensité de la nature, dans l'en-
ceinte de cet atome imperceptible. Qu'il y voie une
infinité de mondes, dont chacun a son firmament,
ses planètes, sa terre, en la même proportion que ce
monde visible ; dans cette terre des animaux et enfin
des cirons, dans lesquels il retrouvera ce que les
premiers ont donné, trouvant encore dans les autres
la même chose sans fin et sans repos. Qu'il se perde
dans ces merveilles aussi étonnantes par leur petitesse, que les autres par leur étendue. Car qui n'admirera que notre corps, qui tantôt n'était pas per-
ceptible dans l'univers, imperceptible lui-même
dans le sein du tout, soit maintenant un colosse,
un monde ou plutôt un tout à l'égard de la dernière
petitesse où l'on ne peut arriver?

Qui se considérera de la sorte, s'effraiera, sans
doute, de se voir comme suspendu dans la masse
que la nature lui a donnée entre ces deux abîmes

de l'infini et du néant, dont il est également éloigné.
Il tremblera dans la vue de ces merveilles; et je
crois que sa curiosité se changeant en admiration,
il sera plus disposé à les contempler en silence qu'à
les rechercher avec présomption.

Car enfin, qu'est-ce que l'homme dans la nature?
Un néant à l'égard de l'infini, un tout à l'égard du
néant, un milieu entre rien et tout. Il est infiniment
éloigné des deux extrêmes; et son être n'est pas
moins distant du néant d'où il est tiré, que de l'infini où il est englouti.

Son intelligence tient, dans l'ordre des choses
intelligibles, le même rang que son corps dans
l'étendue de la nature; et tout ce qu'elle peut faire
est d'apercevoir quelque apparence du milieu des
choses, dans un désespoir éternel d'en connaître,
ni le principe, ni la fin. Toutes choses sont sorties
du néant et portées jusqu'à l'infini. Qui peut suivre
ces étonnantes démarches? L'auteur de ces merveilles les comprend; nul autre ne peut le faire. Cet
état, qui tient le milieu entre les extrêmes, se
trouve en toutes nos puissances. Nos sens n'aperçoi-
vent rien d'extrême. Trop de bruit nous assourdit,
trop de lumière nous éblouit, trop de distance et
trop de proximité empêchent la vue, trop de longueur et trop de brièveté obscurcissent un discours,
trop de plaisir incommode, trop de consonnance
déplaît. Nous ne sentons ni l'extrême chaud, ni
l'extrême froid. Les qualités excessives nous sont
ennemies et non pas sensibles. Nous ne les sentons
plus, nous les souffrons. Trop de jeunesse et trop de
vieillesse empêchent l'esprit; trop et trop peu de
nourriture troublent ses actions; trop et trop peu
d'instruction l'abêtissent. Les choses extrêmes sont

pour nous comme si elles n'étaient pas, et nous ne sommes point à leur égard. Elles nous échappent, ou nous à elles.

Voilà notre état véritable. C'est ce qui resserre nos connaissances en de certaines bornes que nous ne passons pas, incapables de savoir tout, et d'ignorer tout absolument. Nous sommes sur un milieu vaste, toujours incertains et flottants entre l'ignorance et la connaissance; et si nous pensons aller plus avant notre objet branle et échappe à nos prises; il se dérobe et fuit d'une fuite éternelle : rien ne peut l'arrêter. C'est notre condition naturelle et toutefois la contraire à notre inclination. Nous brûlons du désir d'approfondir tout et d'édifier une tour qui s'élève jusqu'à l'infini. Mais tout notre édifice craque, et la terre s'ouvre jusqu'aux abîmes. »

PASCAL, *Pensées.*

*
* *

« Le silence éternel de ces espaces infinis m'effraye. »

PASCAL, *Pensées*, art. XXV.

*
* *

« Les sciences ont deux extrémités qui se touchent : la première est la pure ignorance naturelle, où se trouvent tous les hommes en naissant. L'autre extrémité est celle où arrivent les grandes âmes, qui, ayant parcouru tout ce que les hommes peuvent savoir, trouvent qu'ils ne savent rien, et se rencontrent dans cette même ignorance d'où ils étaient partis. Mais c'est une ignorance savante qui se connoît. Ceux qui sont sortis de l'ignorance naturelle, et n'ont pu arriver à l'autre, ont quelque teinture de cette science suffisante et font les entendus. Ceux-là troublent le monde et jugent plus mal de tout que les autres. Le peuple et les habiles composent pour l'ordinaire le train du monde. Les autres le méprisent et en sont méprisés. »

PASCAL, *Pensées.*

..

« . . . Je te prie d'une chose, cher Lucilius, et je t'y exhorte : ouvre à la philosophie les plus intimes parties de ton âme et prends pour mesure de tes progrès, non tes discours ni tes écrits, mais l'affermissement de tes principes et la diminution de tes désirs. Prouve tes paroles par tes actes. Bien différent est le but de ces déclamateurs qui ne veulent que capter les suffrages d'une coterie, de ces ergoteurs qui amusent les oreilles de la jeunesse et des oisifs en voltigeant d'un sujet à l'autre avec une égale volubilité. La philosophie enseigne à faire, non à parler : ce qu'elle exige, c'est que tous vivent d'après sa loi ; que la vie ne démente point les discours et que la teinte de toutes nos actions soit une. Voilà le premier devoir de la sagesse et son plus sûr indice : la concordance du langage avec la conduite, et que l'homme soit partout égal et semblable à lui-même. Qui remplira cette tâche ? Peu d'hommes, mais enfin quelques-uns. La chose est difficile, et je ne dis point que le sage ira toujours du même pas ; mais il tiendra la même route. . . . »

SÉNÈQUE, *Lett. XX à Lucilius, trad.* BAILLARD.

.

Ne pourrais-tu pourtant te dire à toi-même quelquefois : Ancus, ce bon roi, a fermé ses yeux à la lumière, lui qui te fut si supérieur par ses vertus, homme injuste que tu es ! Outre lui, que de rois, que de puissants sont morts qui commandèrent à de

grandes nations ! Ce prince lui-même, qui jadis se
fraya une route sur la vaste mer et ouvrit à ses
innombrables soldats un passage à travers les flots,
leur enseignant à marcher sans peur sur l'abîme,
ce prince orgueilleux, qui insultait à l'Océan et
dédaignait ses murmures, a perdu le jour, et son
âme a quitté ses membres abattus. Scipion, ce foudre de guerre, la terreur de Carthage, a rendu ses
os à la terre comme le plus humble des esclaves.
Ajoute les inventeurs des sciences et des arts ; ajoute
les favoris des vierges de l'Hélicon, parmi lesquels
Homère, qui tenait le sceptre, n'en est pas moins
comme les autres endormi dans la paix. Enfin
Démocrite vieillissant, quand l'âge vint l'avertir
que les ressorts de son esprit s'émoussaient, alla de
lui-même offrir sa tête à la mort. Et Épicure lui-même, après avoir parcouru sa carrière, a quitté ce
monde, Épicure qui plana par son génie sur le
genre humain, et éclipsa tous les hommes, comme
le soleil quand il se lève éclipse les étoiles.

Et toi, tu hésiterais, tu t'indignerais de mourir,
toi dont la vie est une mort permanente, quoique
tu t'imagines vivre et voir ; toi qui passes à dormir
la plus grande partie de tes jours, qui dors en
veillant, et qui ne cesses de rêver, l'âme malade et
remplie de terreurs ; toi qui ne peux savoir d'où te
viennent tes maux, lorsque tu es misérablement en
proie à mille soucis troublants et que tu vas à
l'aventure, l'esprit incertain, flottant, égaré !...

Lucrèce, ch. III, p. 105.

* *

« Tout homme qui renonçant aux voluptés a pris
soin d'embellir son âme non d'ornements étran-

gers, mais d'ornements qui lui sont propres, tels
que la justice, la tempérance et les autres vertus,
doit être plein d'une entière confiance et attendre
paisiblement l'heure de la mort. »

SOCRATE, *Apologie*, p. 45, *trad.* FOUILLÉE.

**

Enfin, quand nous tremblons à l'aspect d'un péril,
quel est cet amour malencontreux de la vie qui
s'empare de nous? La fin est marquée d'avance pour
tout homme, et nul ne peut éviter la mort qu'il faut
subir...

En outre, nous vivons toujours au même endroit,
habitants de la même terre; et nous avons beau
vivre, aucun plaisir nouveau ne s'invente. C'est le
bien qu'on n'a pas et qu'on désire, qui paraît sur-
passer tous les autres; puis, quand nous l'avons
obtenu, c'est un autre que nous désirons; et la
même soif, pendant toute la vie, nous tient la bouche ouverte, sans compter que nous ignorons quel
sort nous réserve le temps qui vient, quel sera
notre destinée et quelle fin nous attend.

Au reste, on a beau vivre, on ne retranche rien à
la durée de la mort, et nous ne pouvons nullement
faire pencher la balance de façon à être moins longtemps victime du trépas. En vain votre vie en se
prolongeant dépasserait plusieurs siècles, ce n'en
est pas moins une mort éternelle qui vous attend;
et celui qui vient de faire aujourd'hui ses adieux à
la lumière, ne sera pas moins longtemps mort que
celui dont la terre enferme les os depuis un grand
nombre de mois et d'années......

LUCRÈCE, *De la nat. des choses*, chant III.

Voici, dit Socrate, quelques raisons d'espérer que la mort est un bien. Il faut qu'elle soit de deux choses l'une, ou l'anéantissement absolu et la destruction de toute conscience, ou, comme on le dit, un simple changement, le passage de l'âme d'un lieu dans un autre. Si la mort est la privation de tout sentiment, un sommeil sans aucun songe, quel merveilleux avantage n'est-ce pas de mourir ? Car, que quelqu'un choisisse une nuit ainsi passée dans un sommeil profond que n'aurait troublé aucun songe, et qu'il compare cette nuit avec toutes les nuits et avec tous les jours qui ont rempli le cours entier de sa vie ; qu'il réfléchisse et qu'il dise en conscience combien dans sa vie il a eu de jours et de nuits plus heureuses et plus douces que celles-là ; je suis persuadé que non seulement un simple particulier, mais que le grand roi lui-même en trouverait un bien petit nombre et qu'il serait aisé de les compter. Si la mort est quelque chose de semblable, je dis qu'elle n'est pas un mal, car la durée tout' entière ne paraît plus ainsi qu'une seule nuit.

Mais si la mort est un passage de ce séjour dans un autre, et si ce qu'on dit est véritable, que là est le rendez-vous de tous ceux qui ont vécu, quel plus grand bien peut-on imaginer, nos juges ?

Car enfin, si en arrivant aux enfers, échappés à ceux qui se prétendent ici-bas des juges, l'on y trouve les vrais juges, ceux qui passent pour y rendre la justice : Minos, Rhadamante, Éaque, Triptolème, et tous ces autres demi-dieux qui ont été justes pendant leur vie, le voyage serait-il donc si malheureux ? Combien ne donnerait-on pas pour s'entretenir avec Orphée, Musée, Hésiode, Homère ? Quant à moi, si cela est véritable, je veux mourir plusieurs fois.

Oh ! pour moi surtout, l'admirable passe-temps que
de me trouver là avec Palamède, Ajax, fils de Télé-
mon, et tous ceux des temps anciens qui sont morts
victimes de condamnations injustes ! Quel agrément
de comparer mes aventures avec les leurs ! Mais
mon plus grand plaisir serait d'employer ma vie, là
comme ici, à interroger et à examiner tous ces per-
sonnages, pour distinguer ceux qui sont véritablement sages de ceux qui ne le sont point.... Là, du
moins, on n'est pas condamné à mort pour cela, car
les habitants de cet heureux séjour, entre mille avantages qui mettent leur condition bien au-dessus de
la nôtre jouissent d'une vie immortelle, *si du moins
ce qu'on dit est véritable.*

SOCRATE, *trad.* FOUILLÉE.

C'est chose excellente que d'apprendre à mourir ;
c'est l'estude de la sagesse, qui se résout toute à ce
but. Il n'a pas mal employé sa vie, qui a apprins à
bien mourir ; il l'a perdue, qui ne la sçait bien
achever... Il ne peut bien vivre, qui ne regarde à
la mort ; bref, la science de mourir, c'est la science
de liberté, de ne craindre rien, de bien, de doucement et paisiblement vivre : sans elle, il n'y a aucun
plaisir à vivre, non plus qu'à jouir d'une chose que
l'on craint toujours de perdre.

PIERRE CHARRON.

« Les trois mondes, le monde des Dieux, celui des
Asouras et celui des hommes, sont brûlés par la
douleur de la vieillesse et de la maladie ; ils sont
dévorés par le feu de la mort et privés de guide. La
vie d'une créature est pareille à l'éclair des cieux.

Comme le torrent qui descend de la montagne, elle coule avec une irrésistible vitesse. Par le fait de l'existence, du désir et de l'ignorance, les créatures dans le séjour des hommes et des Dieux sont dans la voie des trois maux. Les ignorants roulent en ce monde, de même que tourne la roue du potier. Les qualités du désir, toujours accompagnées de crainte et de misère, sont les racines des douleurs. Elles sont plus redoutables que le tranchant de l'épée ou la feuille de l'arbre vénéneux. Comme une image réfléchie, comme un écho, comme un éblouissement ou le vertige de la danse, comme un songe, comme un discours vain et futile, comme la magie et le mirage, elles sont remplies de fausseté, et vides comme l'écume ou la bulle d'eau. La maladie ravit aux êtres leur lustre, et fait décliner les sens, le corps et les forces ; elle amène la fin des richesses et des biens. Elle amène le temps de la mort et de la transmigration. La créature la plus agréable et la plus aimée disparaît pour toujours ; elle ne revient plus à nos yeux, pareille à la feuille et au fruit tombés de l'arbre dans le courant du fleuve. L'homme alors, sans compagnon, sans second, s'en va tout seul et impuissant avec la possession du fruit de ses œuvres . . . .
. . . .

« ... Cent fois je me suis dit : Après avoir atteint l'intelligence suprême (Bodhi), je rassemblerai les êtres vivants ; je leur montrerai la porte la plus sûre de l'immortalité. Les retirant de l'océan de la création, je les établirai dans la terre de la patience. Hors des pensées nées du trouble des sens, je les établirai dans le repos. En faisant voir la clarté de la Loi aux créatures obscurcies par les ténèbres

6

d'une ignorance profonde, je leur donnerai l'œil qui voit clairement les choses; je leur donnerai le beau rayon de la pure sagesse, l'œil de la Loi, sans tache et sans corruption. »

RÉFLEXIONS DE SIDDHARTHA (BOUDDHA).

*
* *

« Si la vie est misérable, elle est pénible à supporter; si elle est heureuse, il est horrible de la perdre : l'un revient à l'autre. »

LA BRUYÈRE, *Car. : De l'homme,* ch. XI.

*
* *

« Non ce n'est pas être pieux que de se montrer, la tête voilée, tourné vers une pierre; que d'approcher de tous les autels et de se prosterner à terre dans la poussière, et d'élever ses mains devant les sanctuaires des Dieux, et d'arroser les autels du sang des animaux et de faire vœux sur vœux. La piété consiste plutôt à tout voir d'un esprit tranquille. »

LUCRÈCE, *De la nature des choses,* chant V.

*
* *

« Songez souvent à l'exil, à la torture, aux guerres, aux maladies, aux naufrages... afin que nul malheur ne vous trouve novice. »

SÉNÈQUE, *Epist.,* 91, 107.

*
* *

Nostre philosophe (Épicure) est encore d'un sentiment contraire aux Cyrenaïques, qui croyent que les douleurs du corps sont pires que celles de l'âme, puisqu'on punit les coupables par le corps; et luy, il prouve que les douleurs de l'âme sont les plus cuisantes, parce que le corps ne sent que le mal présent, et l'âme est tourmentée non seulement du présent, mais encore du passé et de l'avenir; c'est pourquoy il tient que les plaisirs de l'âme sont préférables à ceux du corps.

DIOGÈNE LAERCE, l. Xᵉ.

*
* *

Les biens et les maux extrêmes ne se font pas sentir aux âmes médiocres.

VAUVENARGUES, *Réfl. et Max.*, CCLIV.

*
* *

Il est aussi pénible de craindre un mal que de l'avoir souffert.

SÉNÈQUE, *Epist.*, 74.

*
* *

« La mort n'arrive qu'une fois et se fait sentir à tous les moments de la vie : il est plus dur de l'appréhender que de la souffrir. »

LA BRUYÈRE, *Car. : De l'homme,* ch. XI.

*
* *

Admirable étude (l'anatomie) qui, indépendamment de tant d'utilités pratiques, est au fond toute une morale. Elle trempe le caractère. On n'est homme que par le ferme regard dont on envisage la vie et la mort. Et ce qui n'est pas moins vrai, quoique moins connu, elle humanise le cœur, non d'un attendrissement de femme, mais en vous éclairant sur une foule de ménagements naturels qu'on doit à l'humanité. Un éminent anatomiste me disait : « C'est un supplice pour moi de voir une porteuse d'eau sous le poids des seaux qui l'accablent et qui lui scient les épaules. Si l'on savait combien chez la femme ces muscles sont délicats, combien les nerfs du mouvement sont faibles, et, au contraire, développés ceux de la sensibilité ! »

Mon impression fut analogue, lorsque, ayant vu l'organisme qui fait de l'enfant un être fatalement mobile, à qui la nature impose un changement continuel, je pensai à l'enfer d'immobilité que lui impose l'école. D'autant plus que je me rattachai à la bonne méthode allemande (ateliers et jardins d'enfants), le mouvement, en développant chez eux l'activité créatrice qui est le vrai génie chez l'homme.

Tant qu'on n'a pas vu, touché les réalités, on hésite sur tout cela, on discute, on perd le temps à écouter les bavards. Disséquez. En un moment vous comprendrez, sentirez tout. C'est la mort surtout qui apprend à respecter la vie, à ménager, à ne pas surmener l'espèce humaine.

Si je pouvais avoir quelque doute sur l'influence morale de l'anatomie, il m'eût suffi de me rappeler que les meilleurs hommes que j'ai connus étaient de grands médecins. ·

J. MICHELET, La femme.

*
* *

« Il n'y a pour l'homme que trois événements, naître, vivre et mourir : il ne se sent pas naître, il souffre à mourir et il oublie de vivre. »

LA BRUYÈRE, Car. : De l'homme, ch. XI.

*
* *

« Naître c'est commencer de mourir, le dernier moment de notre vie est la conséquence du premier. »

MANILIUS, Astronom., IV, 16.

« L'heure qui nous a vu naître a diminué notre vie. »

SÉNÈQUE, *Herc. fur.*, act. 3, ch. v, 874.

*
**

As-tu remarqué par quelle gradation tu as passé successivement, du berceau à l'enfance, puis à l'adolescence, puis à l'âge mûr, de là enfin à la vieillesse? Nous mourons et nous changeons à toute heure, et cependant nous vivons comme si nous étions immortels. Le temps même que j'emploie ici à dicter, il faut le retrancher de mes jours. Nous nous écrivons souvent, mon cher Héliodore, nos lettres passent les mers, et à mesure que le vaisseau fuit, notre vie s'écoule : chaque flot emporte un moment.

SAINT JÉROME, *Lett. à Héliodore.*

*
**

« Les paoureux... se faschent de mourir jeunes... ils ont regret de laisser tout le monde, et pourquoy? Tu as tout veu, un jour est égal à touts; il n'y a point d'autre lumière, ny d'autre nuict; d'autre soleil ny d'autre train du monde : au pis aller, tout se void en un an : l'on y void la jeunesse, l'adolescence, la virilité, la vieillesse du monde : il n'y a autre finesse que de recommencer. »

CHARRON.

*
**

« C'est là ce qu'ont vu nos pères; c'est là ce que verront nos neveux. »

MANILIUS, I, 520.

*
**

« Ce qui a été, c'est ce qui sera et ce qui s'est fait, c'est ce qui se fera, et il n'y a rien de nouveau sous le soleil. »

6.

« Y a-t-il quelque chose dont on puisse dire :
Regarde, ceci est nouveau? Il a déjà été dans les
siècles qui ont été avant nous. »

« On ne se souvient plus des choses qui ont précédé ; de même on ne se souviendra point des choses
qui seront ci-après, parmi ceux qui viendront à
l'avenir. »

ECCLÉSIASTE, c. I., v, 9, 10, 11.

.·.

« On peut voir l'avenir dans les choses passées. »

ROTROU.

.·.

« En outre, nous vivons toujours au même endroit, habitant la même terre, et nous avons beau
vivre, aucun plaisir nouveau ne s'invente... »

« Demande-toi quel rapport ont eu avec nous les
âges qui de toute éternité ont précédé notre naissance? Car c'est un miroir que la nature nous présente et où se réfléchit l'avenir. »

LUCRÈCE, De la nat. des ch., ch. III.

LE BOHÉMIEN

Quand sur mon chariot, pour la première fois,
En courant l'univers j'arrivai dans ces lieux,
Une ville y grouillait, avec ses vieilles lois,
Ses murs, ses ateliers, ses palais et ses Dieux.
Et quand je demandai, voyageur curieux,
Depuis quand florissait la superbe cité,
Un homme répondit, grave et l'orgueil aux yeux :
— C'est ma patrie. Elle a de tout temps existé.

Cinq mille ans il s'écoula,
Je suis repassé par là.

Murs, palais, temples, Dieux, tout avait disparu.
Rien! Plus rien! Le soleil allumait des rubis
Aux javelots mouillés et verts d'un gazon dru;
Et seul un vieux berger, dans ses grossiers habits,
Se dressait sur la plaine en mangeant son pain bis.
Or, je voulus savoir depuis quels temps très courts
Dans ce pré tout nouveau l'on paissait des brebis.
Le berger dit d'un air moqueur: — Depuis toujours.

    Cinq mille ans il s'écoula,
    Je suis repassé par là.

La plaine était changée en un bois ténébreux.
Des lianes pendaient sous des porches béants
Comme un tas de serpents tordus noués entre eux;
Et, tels que de grands mâts, sur ces noirs océans
De feuilles s'élançaient des troncs d'arbres géants.
Et je dis au chasseur perdu dans ces flots verts :
— Depuis quand donc voit-on une forêt céans?
— Ces chênes sont plus vieux, fit-il, que l'univers.

    Cinq mille ans il s'écoula,
    Je suis repassé par là.

La mer, la vaste mer, sous son glauque linceul,
Avait enseveli lianes et forêts.
Un bateau de pêcheur, tout petit et tout seul,
A la brise du soir balançait ses agrès.
Et je dis au pêcheur : — Est-ce que tu saurais
Depuis quand la marée a pris la terre ainsi?
— Tu plaisantes? dit-il... Puis il reprit après :
— Car depuis que la mer est mer, elle est ici.

    Cinq mille ans il s'écoula,
    Je suis repassé par là.

A la place des flots au panache d'argent
Se déroulaient sans fin des flots à crête d'or.
Le désert! Aucun arbre au lointain n'émergeant.
Du sable là, du sable ici, du sable encor.
Et quand j'interrogeai sur ce nouveau décor
Le marchand qui chargeait ses chameaux à genoux :

— Depuis le jour, dit-il où l'être a pris l'essor,
On connaît ce désert, éternel comme nous.

Cinq mille ans il s'écoula,
Je suis repassé par là.

Et voici de rechef une cité debout,
Avec ses lois, ses murs, ses palais et ses Dieux,
Et son peuple grouillant ainsi qu'une eau qui bout,
Alors j'ai dit très haut à ce tas d'orgueilleux :
— Où sont donc les flots verts, les flots d'or, les flots bleus,
Et la cité du temps jadis? — Et l'un cria :
— Notre ville est, sera, fut toujours dans ces lieux. —
Et j'éclatai de rire au nez de l'Arya.

Coulera ce qui coula !...
Je repasserai par là.

J. RICHEPIN.

(Maurice DREYFOUS, *éditeur.*)

∴

Le temps est un fleuve et un torrent impétueux entraînant tout ce qui naît. A peine chaque chose a-t-elle paru, elle a été entraînée, et une autre est déjà entraînée, et une autre y tombera bientôt.

MARC-AURÈLE, l. IV, XLIII, *trad.* A. PIERRON.

∴

« Qu'il y a peu de temps où je n'étais pas ! Qu'il y en aura où je ne serai point ! Et que j'occupe peu de temps dans ce grand abîme des ans ! »

BOSSUET, *Serm. sur la mort.*

∴

Tout est dit : et l'on vient trop tard depuis plus de sept mille ans qu'il y a des hommes, et qui pensent. Sur ce qui concerne les mœurs, le plus beau et le meilleur est enlevé : l'on ne fait que glaner après les anciens et les habiles d'entre les modernes.

Il faut chercher seulement à penser et à parler juste, sans vouloir amener les autres à notre goût et à nos sentiments : c'est une trop grande entreprise.

LA BRUYÈRE, *Car. : Des ouvrages de l'esprit*, ch. I.

*

« Toutes les bonnes maximes sont dans le monde : on ne manque qu'à les appliquer. »

PASCAL, *Pensées.*

CHAPITRE IV

NÉCESSITÉ DE L'INSTRUCTION ET DE L'ÉDUCATION

« Les racines de l'instruction sont amères, disait-il encore (Aristote), mais les fruits en sont doux. »

« L'instruction est un ornement dans la prospérité et un refuge dans l'adversité. »

« Les parents qui instruisent leurs enfants sont plus estimables que ceux qui leur ont seulement donné le jour; aux uns on ne doit que la vie; on doit aux autres l'avantage de bien vivre. »

ARISTOTE, d'après Diog. Laerte, trad. ZEVORT.

*
* *

« Tout l'avenir d'un peuple est dans l'éducation de ses enfants. »

LEIBNITZ.

*
* *

« Après la paix, l'éducation est le premier besoin du peuple. »

DANTON.

*
* *

« Ceux qui veulent que le paysan ne sache ni lire ni écrire se sont fait sans doute un revenu de son ignorance. »

MIRABEAU.

Diogène Laërte dit que, d'après Socrate : « Il n'y a qu'un seul bien, la science, et qu'un seul mal, l'ignorance. »

Diogène Laerte, II.

✦
✦ ✦

« Un peuple ignorant ne peut être libre. »

Lakanal.

✦
✦ ✦

On demandait à Aristippe ce que doit apprendre un enfant bien élevé : « Ce qui doit lui servir, dit-il, quand il sera homme. »

Diogène Laerte, *Vie d'Aristippe.*

✦
✦ ✦

Un jour Marc-Aurèle sortait de son palais; un philosophe, Lucius, lui demande pour quelle affaire il sortait. « Il est beau de s'instruire, répondit l'empereur; même quand on est vieux. Je vais chez le philosophe Sextus, pour y apprendre ce que je ne sais pas encore. — O Jupiter! s'écrie Lucius, heureux les Romains dont l'empereur, au déclin de son âge, ne dédaigne pas de s'instruire encore et se rend à l'école, comme un enfant, des tablettes pendues à sa ceinture. »

Philostrate.

✦
✦ ✦

Lettre du roy Antigonus à Zénon le philosophe.

« Je ne fais pas de difficulté de croire que je suis bien au-dessus de vous pour la fortune et la gloire du monde; mais je ne doute pas aussi que vous me surpassez infiniment, pour ce qui est des sciences et de la parfaite félicité que vous possédez; c'est

pourquoy j'ay pris résolution de vous prier de me
venir trouver, m'assurant que mes prières auroient
quelque force sur votre esprit. Tâchez donc que
nous puissions jouïr de vostre présence, vous assurant que vos leçons ne seront pas seulement profi-
tables pour moy, mais encore pour tous les Macé-
doniens; car quiconque enseigne le Prince, et luy
montre le chemin de la vertu, se peut persuader
qu'il instruit le peuple en même temps; car pour
l'ordinaire les sujets sont tels que leur roy.

Zénon luy répondit en ces termes :

Zénon au Roy Antigonus.

Je fais beaucoup d'estime de l'affection que vous
avez pour les sciences, désirant apprendre ce qui
est véritablement utile et nécessaire, et non pas des
choses qui ne sont que pour le peuple, et propres à
pervertir les bonnes mœurs ; car celuy qui est véritablement porté à la recherche de la philosophie, et
qui ne s'abandonne point à cette fameuse volupté
qui efémine les esprits de tant de jeunesse ne main-
tient pas seulement par la nature la grandeur de
l'homme, mais il le fait encore par le dessein qu'il
a de suivre la vertu. Un esprit bien né se rend bien-
tost parfait, si on en a soin, et s'il rencontre un
bon maistre. Sans mon extrême vieillesse, car j'ay
quatre vingts ans, et sans ma foiblesse, je vous irois
trouver, comme vous m'en priez; mais parce que
cela m'est impossible, je vous envoye quelques-uns
de mes amis qui ne me cèdent en rien pour les
avantages de l'âme, et qui me surpassent de beaucoup pour ceux du corps; si vous vous entretenez
avec eux, vous ne manquerez de rien pour vous
faire avoir un bonheur parfait. Adieu.   .   .   .   .

Zénon croyoit qu'il n'y avoit rien au monde de
plus désagréable que la vanité, et particulièrement
dans la jeunesse. Il advertissoit ses escoliers de ne
pas tant s'amuser à cultiver leur mémoire en appre-
nant beaucoup de mots, que leur esprit en acqué-
rant la connoissance des choses.

DIOGÈNE LAERCE, l. VII, *trad.* BOILEAU.

*
* *

« S'occuper, c'est savoir jouir :
L'oisiveté pèse et tourmente.
L'âme est un feu qu'il faut nourrir,
Et qui s'éteint, s'il ne s'augmente.
VOLTAIRE.

*
* *

Dans le premier Alcibiade de Platon et le commen-
taire (04 et ss., *trad.* COUSIN) on lit ces paroles de Socrate : Qui sont donc ceux qui commettent des fautes?
Car ce ne sont pas ceux qui savent les choses, ni ceux
qui les ignorent, mais savent qu'ils les ignorent; que
reste-t-il, que ceux qui ne les sachant pas croient
pourtant les savoir? — Non, il n'y en a pas d'autres.
— Et voilà l'ignorance qui est la cause de tous les
maux : la sottise, qu'on ne saurait trop flétrir. —
Cela est vrai. — Et quand elle tombe sur les choses
de la plus haute importance, n'est-ce pas alors
qu'elle est pernicieuse et honteuse au plus haut
degré? »

*
* *

« Va, paresseux, vers la fourmi; regarde ses
voies et deviens sage; laquelle, n'ayant point de
capitaine, ni de prévôt, ni de dominateur, prépare
en été sa nourriture, et amasse durant la moisson
de quoi manger. Paresseux, jusqu'à quand seras-tu
couché?

PROV. VI, 6, 11.

7

« Les vices qu'engendre l'oisiveté doivent être
combattus par le travail. »

SÉNÈQUE, Epist., 56.

*
* *

« Le plaisir qui accompagne le travail en fait
oublier la fatigue. »

HORACE, Sat. II, 2, 12.

*
* *

« Le fruit du travail est le plus doux des plaisirs. »

VAUVENARGUES, Réfl. et Max.

*
* *

« La main paresseuse appauvrit, mais la main des
diligents enrichit. »

PROV. X, 4.

*
* *

Qui appellerons-nous sages ? Sont-ce les paresseux
ou les hommes occupés d'objets utiles ? Quels sont
les plus justes, de ceux qui travaillent, ou de ceux
qui rêvent, les bras croisés, aux moyens de subsister ?
Les travailleurs ne sont-ils pas des hommes capables
de faire des choses utiles ?.....

Parmi les personnes libres, lesquelles vous paraissent les plus heureuses, de celles qui vivent dans
l'oisiveté ou de celles qui s'occupent de choses
utiles qu'elles savent faire ?

PAR. de SOCRATE, Mém., II, VII.

*
* *

« J'ai passé près du champ d'un homme paresseux et près de la vigne d'un homme dépourvu de
sens ; et voilà, tout y était monté en chardons ; les
orties en avaient couvert le dessus, et sa cloison de

pierres était démolie. Et ayant vu cela je le mis dans mon cœur; je le regardai, j'en tirai une instruction. Un peu de dormir, un peu de sommeil, un peu de mains pliées pour être couché, et ta pauvreté viendra comme un passant, et ta disette comme un homme armé.

PROV. ATTRIBUÉS A SALOMON, XXIV, 30 à 34.

* *

« Le travail endurcit contre la douleur. »

CICÉRON, *Tusc. Quæst.*, II, 15.

* *

« Le paresseux dit : Le grand lion est au chemin, « le lion est par les rues.

« Comme une porte tourne sur ses gonds, ainsi « fait le paresseux sur son lit. »

Prov. XXVI, 13, 14.

* *

« La pauvreté et l'ignominie arriveront à celui qui « rejette l'instruction; mais celui qui profite de la « répréhension sera honoré. »

Prov. XIII, 18.

* *

« Le temps est assez long pour quiconque en profite; Qui travaille et qui pense en étend la limite; On peut vivre beaucoup sans végéter longtemps. »

VOLTAIRE, *VIe discours.*

* *

« Ce que j'ôte à mes nuits, je l'ajoute à mes jours. »

ROTROU, *Venceslas.*

* *

« Je veux que la mort me surprenne au milieu du travail. »

OVIDE, *Amor.*, II, 10, 36.

Il faut entretenir la vigueur du corps pour conserver celle de l'esprit.

VAUVENARGUES, *Réfl. et Max.*, LXXIX.

...

Le Gaulois était grand, robuste, et sa haute stature contrastait avec la petite taille des Romains. . . .

. . . .

... Le Gaulois avait grand soin d'exercer la vigueur de ses muscles et d'habituer son corps à braver la fatigue et les intempéries de l'air. On trempait les enfants dans l'eau froide à leur naissance, et on renouvelait souvent les immersions. Quelques auteurs anciens ont prétendu que les soins du corps allaient à ce point dans les Gaules, qu'on mettait à l'amende les gens qui, se laissant aller à la mollesse, devenaient trop gras, et augmentait ou diminuait l'amende chaque année suivant que l'individu grossissait ou diminuait de taille. Une ceinture déposée chez le chef du village servait de mesure à cet effet.

. . . .

... Les bains jouaient un grand rôle dans la vie des anciens, qui leur consacraient des bâtiments et des jardins tellement somptueux et tellement vastes qu'ils disaient eux-mêmes que c'étaient des provinces plutôt que des édifices. Cette tradition consistant à regarder les bains comme un plaisir essentiel ou comme un besoin de la vie, s'est même conservée fort longtemps dans les usages de nos pères, car le menu peuple abondait dans les nombreuses étuves du moyen âge (1), etc. . . . . .

BORDIER et CHARTON, *Histoire de France.*

---

(1) Il est bien regrettable que ce bain de propreté n'ait pas persisté jusqu'à nos jours et que les soins donnés au corps, l'en-

« Toute la nation des Gaulois est presque entière-
ment plongée dans les superstitions, et, par ce mo-
tif, ceux qui sont affectés de maladies graves, ceux
qui vivent dans les combats et les dangers, ou immolent des hommes pour victimes, ou font vœu
d'en immoler, et ils se servent, pour ces sacrifices,
du ministère des druides; ils pensent, en effet, que
la volonté des dieux immortels ne peut être fléchie
que si l'on donne existence d'homme pour existence
d'homme, et ils ont des sacrifices du même genre
institués en vue de l'intérêt public. »

> Jules César, *Guerres gaul.*, liv. VI, c. 10. *His-
> toire de France*, Bordier et Charton.

**
* **

Au temps où l'on voyait l'esprit humain, avili,
ramper à terre, courbé sous le joug de la superstition, qui, du sein des régions célestes, montrait sa
tête, et, de cette hauteur, nous menaçait par son
horrible aspect, le premier, un homme grec (Épicure) osa lever contre elle ses yeux mortels, et le
premier osa se révolter. Ni le renom des dieux, ni
leurs foudres, ni la menace d'un ciel courroucé ne
purent le contraindre. Les obstacles ne firent qu'ir-
riter l'âpre vertu de son cœur, en sorte qu'il désira
de briser le premier les étroites barrières et les
portes de la nature. Aussi l'indomptable énergie de
son âme triompha, et il s'avança bien au delà des
bornes enflammées du monde, et il parcourut en
pensée toute cette immensité d'où son génie vain-

---

trainement physique soient si complètement négligés dans l'éducation de la jeunesse. A coup sûr, il est affligeant et humiliant
de constater qu'au dix-neuvième siècle nous sommes beaucoup
moins avancés, sous ce rapport, que nos ancêtres de l'époque
gallo-romaine.

queur revint nous enseigner ce qui peut ou ne peut
pas naître, et pourquoi chaque corps voit sa puissance bornée, et comment c'est son essence même
qui le limite. Dès lors, la superstition, foulée aux
pieds, est atterrée à son tour : notre victoire nous
rend égaux aux dieux.

Dans un tel sujet, ma crainte est que tu ne viennes
à croire que tu entres dans une école d'impiété rai-
sonneuse et que tu marches dans la voie du crime :
et, bien au contraire, c'est la superstition qui, autrefois, n'a que trop souvent enfanté des crimes et
des impiétés. C'est ainsi que, en Aulide, l'autel de
Diane, toujours vierge, fut affreusement souillé du
sang d'Iphigénie par l'élite des chefs de la Grèce, la
fleur des guerriers. Dès que les bandelettes eurent
entouré le front gracieux de la jeune fille et qu'on
les vit descendre à plis égaux le long de ses joues,
quand elle aperçut son père devant l'autel, debout
et morne, et, à côté de lui, les sacrificateurs cachant
leurs couteaux, et le peuple, autour d'elle, pleurant
à chaudes larmes, muette de terreur, elle tomba
sur ses genoux, suppliante. Mais, dans un tel ins-
tant, il ne pouvait servir à l'infortunée d'avoir la
première donné le nom de père au roi de Mycènes !
Aussitôt, soulevée par des mains viriles, toute
tremblante, elle fut conduite à l'autel, non pour
qu'elle pût, les pieuses cérémonies achevées, reve-
nir, avec le cortège d'un brillant hyménée, mais
pour qu'elle s'abattît tristement, sainte victime des
impies, sous les coups de son père : et cela pour
que la faveur d'un départ propice fût accordée à la
flotte.

Tant la superstition a pu conseiller de malheurs !

LUCRÈCE, *De la nature des choses,* ch. I.

Qui s'étonnera des erreurs de l'antiquité, s'il considère que, encore aujourd'hui, dans le plus philosophe de tous les siècles, bien des gens de beaucoup d'esprit n'oseraient se trouver à une table de treize couverts.

VAUVENARGUES, *Réflex. et Max.*, CCCXXI.

On la nomme (l'opinion) la reine du monde; elle l'est si bien que, quand la raison vient la combattre, la raison est condamnée à la mort. Il faut qu'elle renaisse vingt fois de ses cendres pour chasser enfin tout doucement l'usurpatrice.

VOLTAIRE.

« Il faut faire comme les autres : maxime suspecte, qui signifie presque toujours : il faut mal faire, dès qu'on l'étend au delà de ces choses purement extérieures qui n'ont point de suite, qui dépendent de l'usage, de la mode ou des bienséances. »

LA BRUYÈRE, *Carac.: Des jugements.*

L'homme sage peut seul vivre en parfaite harmonie avec lui-même et avec ses semblables; l'accord intime des facultés dans chaque âme, sous la loi de la raison, rend seul possible l'accord des âmes entre elles. L'ignorance, au contraire, fait que nos facultés et nos tendances, non seulement se combattent en nous-mêmes, mais se trouvent en opposition avec celles des autres hommes. Ainsi, par la sagesse, l'ordre rationnel règne dans l'individu et dans l'État. Cet ordre, qui est, dans l'individu, la sagesse tempérante, devient, dans l'État, la justice.

ALF. FOUILLÉE, *Philos. de Socrate*, ch. I, p. 3..

Le trait dominant que nous avons remarqué chez Socrate, c'est la foi à la science, qu'il concevait comme identique au bien. Né dans une époque de crise intellectuelle, où le scepticisme descendait peu à peu de la métaphysique et de la religion dans la morale, et de la morale dans la politique, Socrate opposa au doute et aux négations des habiles, aux préjugés et aux superstitions de la foule, une foi et une espérance invincibles dans la raison. La science n'existe pas, disait-il, mais elle peut exister, et d'elle seule viendra le bien ; elle seule réalisera, dans les individus et dans les sociétés, la vertu et le bonheur, « le bien-faire et le bien-être. »

Id., l. X, ch. i, p. 439.

CHAPITRE V

RESPECT DES LOIS. — PATRIOTISME

« Il est nécessaire aux hommes d'avoir des lois et de s'y assujettir, sans quoi ils ne différeraient en rien des bêtes les plus farouches. La raison en est qu'aucun homme ne sort des mains de la nature capable de reconnaître ce qui est avantageux à ses semblables pour vivre en société, ou, ayant reconnu le meilleur, capable de pouvoir toujours ou de vouloir le faire.

La nature mortelle portera toujours l'homme à avoir plus que les autres et à chercher son intérêt, parce qu'elle fuit la douleur et poursuit le plaisir sans raison ni règle. »

SOCRATE, *d'après* PLATON.

⁂

Quiconque a naturellement beaucoup de fantaisies a peu de jugement, et l'âme probablement foible. Je méprise autant que personne des hommes de ce caractère; mais je dis hardiment aux autres : Apprenons à subordonner les petits intérêts aux grands, même éloignés, et faisons généreusement et sans compter tout le bien qui tente nos cœurs : on ne peut être dupe d'aucune vertu.

VAUVENARGUES, *Réfl. div.: Sur la libéralité.*

7.

« Nous ne sentons des maux publics que ce qui
touche nos intérêts privés!... »

TITE-LIVE, XXX, 44.

* *

Il est faux que l'égalité soit une loi de la nature.
La nature n'a rien fait d'égal. Sa loi souveraine est
la subordination et la dépendance.

VAUVENARGUES, *Réfl. et Max.*, CCXXVII.

* *

« Avez-vous remarqué que Lycurgue le Lacédé-
monien n'eût pas rendu Sparte supérieure aux
autres républiques s'il n'y eût pas introduit le plus
grand respect pour les lois?... Rien de si beau que
la concorde dans les États; tous les jours, les magistrats et les premiers de la nation la recommandent
aux citoyens. Chez tous les peuples de la Grèce, une
loi porte que les citoyens jureront de vivre dans
l'union, et partout ils prêtent ce serment. On exige
d'eux cette union, non, je pense, pour qu'ils portent
tous un même jugement sur les chœurs, qu'ils ap-
plaudissent tous aux mêmes joueurs de flûte, que
tous donnent la préférence aux mêmes poètes, qu'ils
s'accordent tous dans leurs goûts, mais pour qu'ils
obéissent tous aux lois. Tant qu'ils leur restent soumis, les États conservent toute leur vigueur et la
plus brillante prospérité, et, sans la concorde, ni les
républiques, ni les familles ne peuvent être bien
gouvernées.

Maintenant, au point de vue de l'intérêt privé,
quel moyen plus sûr pour ne pas être puni et pour
être honoré, que d'obéir aux lois? Quel moyen plus
sûr pour ne pas être vaincu dans les tribunaux et
pour gagner sa cause? A qui confiera-t-on plus vo-

lontiers ou sa fortune, ou ses fils, ou ses filles? A qui l'État lui-même accordera-t-il sa confiance, si ce n'est à l'ami des lois? De qui le bienfaiteur attendra-t-il le plus de reconnaissance, si ce n'est de l'observateur des lois? Qui aime-t-on mieux obliger que celui dont la reconnaissance est certaine? N'est-ce pas celui-là dont on désire le plus être l'ami, dont on voudrait le moins devenir l'ennemi? Qui craindra-t-on plus d'attaquer que celui dont on désire ardemment être l'ami et nullement l'ennemi, que celui dont tout le monde recherche l'amitié et qui n'a pas un adversaire?

SOCRATE, *trad.* FOUILLÉE.

.*.

Pour se soustraire à la force, on a été obligé de se soumettre à la justice. La justice ou la force, il a fallu opter entre ces deux maîtres, tant nous étions peu faits pour être libres.

VAUVENARGUES, *Réfl. et Max.*, CLXXXIV.

.*.

Le mot de vertu emporte l'idée de quelque chose d'estimable à l'égard de toute la terre : le vice, au contraire. Or, il n'y a que le bien et que le mal moral qui portent ces grands caractères. La préférence de l'intérêt général au personnel est la seule définition qui soit digne de la vertu, et qui doive en fixer l'idée. Au contraire, le sacrifice mercenaire du bonheur public à l'intérêt propre est le sceau éternel du vice.

VAUVENARGUES, *De l'esprit humain*, ch. XLIII :
Du bien et du mal moral.

« Les mortels sont égaux. Ce n'est point la naissance,
« C'est la seule vertu qui fait la différence.

VOLTAIRE, Mérope.

* *

Non, nous ne sommes pas les ennemis de la religion, d'aucune religion; nous sommes, au contraire, les serviteurs de la liberté de conscience, respectueux de toutes les opinions religieuses et philosophiques. Je ne reconnais à personne le droit de choisir, au nom de l'État, entre un culte et un autre culte, entre deux formules sur l'origine des mondes ou sur la fin des êtres. Je ne reconnais à personne le droit de me faire ma philosophie ou mon idolâtrie: l'une ou l'autre ne relève que de ma raison ou de ma conscience.

L. GAMBETTA, Disc. du 18 septembre 1878
à Romans.

* *

Pour moi, je pense que ceux qui font leur étude de la sagesse, et qui se croient capables d'éclairer leurs concitoyens sur leurs véritables intérêts, ne sont point du tout violents; ils savent que la violence engendre les haines et tous les malheurs, tandis que la persuasion inspire la bienveillance sans être jamais dangereuse. L'homme que vous contraignez vous hait, dans l'opinion que vous le privez de quelque avantage; celui que vous persuadez vous aime comme un bienfaiteur; ce n'est pas le sage, c'est le puissant dépourvu de lumière qui recourt à la violence. Celui qui ose employer la force a besoin de plus d'un appui; il n'en faut aucun à qui sait persuader; seul, il se croit assez fort. D'ailleurs, jamais de tels hommes n'ont ensanglanté leurs

mains; qui, en effet, aimerait mieux tuer son semblable que de se le rendre utile par la persuasion?

XÉNOPHON.

*
* *

« La passion dirige mal les choses. »

STACE, Thébaïde, x, 704.

*
* *

« Patience et longueur de temps,
« Font plus que force ni que rage. »

LA FONTAINE.

*
* *

« La liberté, cette liberté descendue du ciel, ce
n'est point un bonnet rouge, une chemise sale ou
des haillons; la liberté, c'est la raison, c'est l'égalité, c'est la justice, c'est le droit, c'est la loi, c'est la
Constitution. » (Le vieux Cordelier.)

« La clémence est la vertu révolutionnaire par
excellence. »

CAMILLE DESMOULINS.

*
* *

« Nous devons travailler à nous rendre très dignes
de quelque emploi : le reste ne nous regarde point,
c'est l'affaire des autres. »

LA BRUYÈRE, Car. : Du mérite personnel.

*
* *

« Tous les hommes se jugent dignes des plus
grandes places; mais la nature, qui ne les en a pas
rendus capables, fait aussi qu'ils se tiennent très
contents dans les dernières. »

VAUVENARGUES, Réfl. et Max., LXXXVII.

« Il est plus facile de paroître digne des emplois
que l'on n'a pas, que de ceux que l'on exerce. »

LA ROCHEFOUCAULD, CLXIV.

⁂

« Ne vous affligez pas de ce que vous ne parvenez
point aux dignités publiques; gémissez plutôt de ce
que peut-être vous n'êtes pas ornés des vertus qui
pourraient vous rendre dignes d'y être élevés. »

CONFUCIUS.

⁂

« Il me plaît de voir combien il y a de lâcheté et
de pusillanimité en l'ambition, par combien d'ab-
jection et de servitude il lui faut arriver à son but. »

MONTAIGNE.

⁂

« O hommes divins, qui vous croyez si habiles,
montrez-nous ce que vous avez fait de vos peuples :
s'ils sont plus sages, plus puissants, plus heureux,
n'est-ce pas souvent malgré vous plutôt que grâce à
vous? La seule politique digne de ce nom, c'est le
respect de la justice. »

SOCRATE.

⁂

Rien ne presse un estat, que l'innovation; le
changement donne seul forme à l'iniustice et à la
tyrannie. Quand quelque piece se desmanche, on
peult l'estayer; on peult s'opposer à ce que l'altéra-
tion et corruption naturelle à toutes choses ne nous
esloingne trop de nos commencements et principes:
mais d'entreprendre à refondre une si grande masse
et à changer les fondements d'un si grand bastiment,
c'est à faire à ceulx qui, pour décrasser, effacent,

qui veulent amender les défaults particuliers par une confusion universelle, et guarir les maladies par la mort ; *non tam commutandarum, quam aver-tendarum rerum cupidi* (1). Le monde est inepte à se guarir, il est si impatient de ce qui le presse, qu'il ne vise qu'à s'en desfaire sans regarder à quel prix. Nous veoyons, par mille exemples, qu'il se guarit ordinairement à ses dépens. La descharge du mal present n'est pas guarison, s'il n'y a, en general, amendement de condition : la fin du chirurgien n'est pas de faire mourir la mauvaise chair ; ce n'est que l'acheminement de sa cure : il regarde au delà, d'y faire renaistre la naturelle, et rendre la partie à son deu estre (2). Quiconque propose seulement d'emporter ce qui le masche (3), il demeure court ; car le bien ne succede pas necessairement au mal ; un aultre mal luy peult succeder, et pire : comme il advcint aux tueurs de Cesars, qui iecterent la chose publique à tel poinct, qu'ils eurent à se repentir de s'en estre meslez. A plusieurs depuis, iusques à nos siècles, il est advenu de mesme. Les François mes contemporains sçavent bien qu'en dire. Toutes grandes mutations esbranlent l'estat, et le desordonnent.

Qui viseroit droict à la guarison, et en consulte-roit avant toute œuvre, se refroidiroit volontiers d'y mettre la main. Pacuvius Calavius corrigea le vice de ce procéder, par un exemple insigne. Ses conci-

---

(1) Qui cherchent moins à changer le gouvernement qu'à le détruire.

Cic., *de Offic.*, II, 1.

(2) A son état normal.

(3) Ce qui le ronge, ce qui le fait souffrir.

COSTE.

toyens estoient mutinez contre leurs magistrats :
luy, personnage de grande auctorité en la ville
de Capoue, trouva moyen un iour d'enfermer le
senat dans le palais ; et, convoquant le peuple en la
place, leur dict que le iour estoit venu auquel, en
pleine liberté, ils pouvoient prendre vengeance des
tyrans qui les avoient si long temps oppressez, lesquels il tenoit à sa mercy, seuls et desarmez : feut
d'avis qu'au sort on les tirast hors l'un aprez l'aultre
et de chascun on ordonnast particulierement, faisant sur le champ executer ce qui en seroit decreté;
pourvu aussi que tout d'un train ils advisassent d'es-
tablir quelque homme de bien en la place du condamné, à fin qu'elle ne demeurast vuide d'offlcier.
Ils n'eurent pas plustost ouï le nom d'un senateur,
qu'il s'esleva un cry de mescontentement universel
à l'encontre de luy : « Je veois bien, dit Pacuvius, il
fault desmettre cettuy cy ; c'est un meschant : ayons
en un bon en change. »

Ce feut un prompt silence ; tout le monde se trouvant bien empesché au chois. Au premier plus
effronté, qui dict le sien, voylà un consentement de
voix encores plus grand à refuser celuy là ; cent imperfections et iustes causes de le rebuter. Ces
humeurs contradictoires s'estant echauffées, il ad-
veint encores pis du second senateur, et du tiers :
autant de discorde à l'élection que de convenance à
la demission. S'estant inutilement lassez à ce trouble,
ils commencent, qui deçà, qui delà à se desrobber
peu à peu de l'assemblee, rapportant chascun cette
resolution en son âme, « que le plus vieil et mieulx
cogneu mal est touiours plus supportable que le
mal recent et inexperimenté. »

MONTAIGNE, Essais, l. III, ch. ix.

Les Gaulois sont presque tous avides de changements. On les a bientôt agités et poussés au combat.
Tous d'ailleurs aiment la liberté par instinct et haïs-
sent la servitude. Ils sont prompts et pleins d'ardeur
à faire la guerre, mais ils sont tout aussi prompts à
se décourager et ne supportent pas les revers. Ils
changent facilement d'avis, et presque toujours se
montrent amis des nouveautés. C'est l'habitude,
parmi eux, de forcer les voyageurs à s'arrêter, de
leur demander à tous ce qu'ils ont entendu dire ou ce
qu'ils savent; le peuple, dans les villes, entoure les
marchands et les contraint de dire de quel pays ils
viennent et ce qu'ils ont appris. Il suffit souvent de
l'émoi que leur causent ces informations et ces rap-
ports pour leur faire prendre des résolutions impor-
tantes dont ils ont nécessairement à se repentir
aussitôt. Les cités qui sont regardées comme les plus
habiles dans l'administration de leurs affaires, ont
décrété par leurs lois, que quiconque appren-
drait, soit par ses voisins, soit par la rumeur publique, quelque nouvelle intéressant l'État, serait
tenu d'en faire part au magistrat sans la communi-
quer à aucune autre personne, l'expérience ayant
appris que souvent des gens ignorants et légers,
troublés par des bruits sans fondement, étaient
entraînés à commettre des tentatives désespérées et
des forfaits. Les magistrats alors cachent ce qu'ils
jugent convenable de tenir secret, informent le peuple
de ce qu'ils croient utile, et ne permettent pas qu'on
s'entretienne de la chose publique ailleurs que dans
l'assemblée. Dans toute la Gaule, il n'y a que deux
classes d'hommes qui soient comptés pour quelque
chose et considérés : les druides et les guerriers. Le
menu peuple est à peu près réduit à la condition des

esclaves, il n'ose rien par lui-même, et ne prend
aucune part aux affaires du pays. La plupart, acca-
blés, soit par les dettes, soit par le taux exorbitant
des impôts, soit par les violences des grands, se sou-
mettent de leur plein gré à la servitude entre les
mains des nobles, et ceux-ci ont sur eux les mêmes
droits que des maîtres sur leurs esclaves. La nation
gauloise tout entière est très portée à la superstition. Ceux qui sont attaqués de maladies graves,
ceux qui font la guerre et qui vivent dans les dangers, immolent des hommes pour victimes ou font
vœu d'en immoler, dans la persuasion qu'ils rachè-
tent la vie d'un homme auprès des dieux en rendant
celle d'un autre. Lorsqu'ils ont résolu une expédition, ils vouent le plus souvent au dieu de la guerre
le butin qu'ils se promettent. En pareil cas, tous les
êtres animés qui survivent au combat et qui tom-
bent entre leurs mains sont immolés; les autres
objets sont tous entassés en un même endroit. On
peut voir, dans un grand nombre de cités, des espèces
de tertres élevés en des lieux ainsi consacrés, c'est-
à-dire avec les produits du butin. Rarement il arrive
qu'un Gaulois, enfreignant la loi religieuse, ose
garder et cacher ce qu'il a pris sur l'ennemi, ou
enlever quelque chose du dépôt. C'est d'ailleurs une
action punie par le dernier supplice et la torture. Les
maris reçoivent de leurs femmes une somme d'argent à titre de dot, et, en compensation, ils versent
dans la communauté une portion équivalente de
leurs biens. On constate, dans un seul et même
compte, le total des deux apports, et les fruits en
sont mis en réserve. Quel que soit le survivant des
deux, c'est à lui que reviennent l'une et l'autre
part, avec tous les fruits perçus. Les hommes ont

droit de vie et de mort sur leurs femmes et sur
leurs enfants. »

JULES CÉSAR, *Appréciation sur les Gaulois ; Histoire de France*, BORDIER et CHARTON.

.˙.

« Les peuples qui veulent rester libres et indé-
pendants doivent faire passer sous les yeux des
jeunes générations les exemples et les souvenirs qui
fortifient les âmes, qui forment les caractères, qui
trempent de bonne heure le courage, et qui, par
conséquent, constituent ce qu'il y a de plus élevé
dans l'éducation nationale. »

LÉON GAMBETTA.

.˙.

« Le véritable patriotisme n'est pas seulement
l'amour du sol, mais l'amour du passé, le respect
pour les générations qui nous ont précédés. »

FUSTEL DE COULANGES.

.˙.

« C'étaient des hommes francs (les Gaulois), peu
portés à dresser des embuscades et habitués à combattre avec le courage, non avec la ruse. »

JULES CÉSAR.

.˙.

« Songe bien qu'avec des baïonnettes et du pain
nous pouvons vaincre l'Europe entière. »

Paroles du brave HOCHE *à l'un de ses
lieutenants.*

.˙.

« Les plus grands prodiges de vertu ont été produits par l'amour de la patrie. »

J.-J. ROUSSEAU.

« Il n'y a point de place faible là où il y a des
gens de cœur. »

BAYARD.

« Je ferai que la Gaule tout entière n'ait qu'une
seule volonté ; et quand elle sera d'accord, l'univers
lui-même ne sera pas en état de lui résister. »

Paroles de VERCINGÉTORIX.

« Unissez-vous tous : c'est le seul moyen de sauver la République, » disait Duroy sur l'échafaud.

« Ne vous divisez point ! Ralliez-vous ! Serrez-
vous ! » répétait Danton à ses collègues.

Extrait de *Vive la France!*

« Des actes, non des paroles. »

Général HOCHE.

« Je hais ces hommes incapables d'agir dont la
philosophie est toute en paroles. »

PACUVIUS, AP., *Gellium*, XIII, 8.

« Nous jurons de ne point nous séparer, de nous
rassembler partout où les circonstances l'exigeront
jusqu'à ce que la Constitution du royaume soit éta-
blie et appuyée sur des fondements solides. »

BAILLY.

« Pour exécuter la tâche formidable que Gambetta
assuma, pendant que la patrie semblait perdue,
pour faire jaillir de terre en quelques mois six cent

mille hommes tout armés, tout équipés, et qui surent mourir, il lui fallut plus que de l'audace, plus qu'une énergie indomptable, plus qu'une volonté de fer, il lui fallut la passion, le culte, la folie sublime de la Patrie. Cette Patrie, il l'aima plus qu'un enfant n'aime sa mère, il l'aima éperdument, exclusivement.

En douze ans de luttes, pour la relever et fonder la République, il a accumulé plus d'efforts, de dévouement, de qualités éminentes, de sacrifices, qu'on ne le fit jamais dans la vie la plus longue. Ces douze années de l'existence de Gambetta ont été douze années de l'existence de la France, et en rendant hommage à Gambetta, c'est la Patrie dont nous célébrons l'apothéose !

Les leçons qui se dégagent de cette image sont plus hautes et plus profondes. Vous qui saluez ici l'effort de notre relèvement, n'en séparez jamais l'histoire de nos défaillances. C'est ici que les pères apprendront aux enfants ce qu'il advient des peuples qui se donnent un maître.

Si jamais, pour notre honte, un retour en arrière redevenait possible, cette statue suffirait à barrer le chemin. Et si ses lèvres glacées pouvaient se rouvrir, il nous dirait encore :

« Il n'y a de grand, de durable, d'éternel, en ce monde, que le devoir. Les combats les plus beaux sont les combats sans espérance. Au-dessus de la victoire, plus haut que le succès, plus haut que la gloire même, il y a quelque chose : le sacrifice ! »

J. FERRY. (*Extrait du discours de M. J. Ferry, président du conseil, ministre des affaires étrangères, à l'inauguration de la statue de Gambetta à Cahors, le 14 avril 1884.*)

« Mes amis, pourquoi me regretter? Pourquoi me plaindre? J'ai assez vécu puisque je meurs pour la Patrie! »

Paroles du général MARCEAU *à son lit de mort.*

.·.

« A la Patrie, tout ce que vous êtes et tout ce que vous avez, votre cœur, vos bras, vos veilles, et vos biens, et votre vie. Qui hésite à mourir pour elle, celui-là est infâme à jamais. »

LAMENNAIS.

.·.

« Eh quoi ! à l'égard d'un père, ou d'un maître, si tu en avais un, tu n'aurais pas le droit de *lui faire ce qu'il te ferait;* de lui tenir des discours offensants s'il t'injuriait; de le frapper s'il te frappait, ni rien de semblable; et tu aurais ce droit envers les lois de la Patrie! Et si nous (les lois) avions prononcé ta mort, *croyant qu'elle est juste,* tu entreprendrais de nous détruire !... Il faut respecter la Patrie dans sa colère, avoir pour elle plus de soumission et d'égards que pour un père, la *ramener par la persuasion* ou obéir à ses ordres, souffrir, sans murmurer, tout ce qu'elle commande de souffrir, fût-ce d'être battu ou chargé de chaînes... Sur le champ de bataille, et devant le tribunal, et partout, il faut faire ce que veut la République, ou employer auprès d'elle les *moyens de persuasion que la loi accorde;* enfin, si c'est une impiété de faire violence à un père et à une mère, c'en est une bien plus grande de faire violence à la Patrie. »

SOCRATE, *Crit.,* p. 60, *trad.* FOUILLÉE.

.·.

« Je ne saurais chanter de bon cœur aux heures

où la Patrie est troublée, et l'illustre fils de Memmius, pour m'écouter, ne saurait manquer à la
défense du salut commun. »

LUCRÈCE, *De la nature des choses*, ch. I, p. 62.

.•.

... « Tu ne songeras pas à ton bien-être pendant
que tout, autour de toi, est en peine. Quand il le
faudra, tu supporteras le froid, le chaud, tu te
jetteras dans les glaces de la Bérésina et tu mourras
pour sauver l'armée ; tu supporteras les chaleurs de
l'Afrique, et ton honneur, ta gloire, c'est la mort
sous le drapeau ! »

TIIIERS.

.•.

« Être soldat, c'est, quand on a faim, ne pas manger ; quand on a soif, ne pas boire ; quand on est
épuisé de fatigue, marcher ; quand on ne peut plus
se porter soi-même, porter ses camarades blessés :
voilà ce que doit être le soldat. »

KLÉBER. (Extrait de *Vive la France!*
de M. E. Hanriot.)

.•.

« Pureté, douceur, bonté héroïque, que cette
suprême beauté de l'âme se soit rencontrée en une
fille de France, cela peut surprendre les étrangers
qui n'aiment à juger notre nation que par la légèreté
de ses mœurs. Disons-leur (et sans partialité, aujour-
d'hui que tout cela est si loin de nous), que sous
cette légèreté, parmi ses folies et ses vices même,
la vieille France n'en fut pas moins le peuple de
l'amour et de la grâce.

Le sauveur de la France devait être une femme.

La France était femme elle-même. Elle en avait la mobilité, mais aussi l'aimable douceur, la pitié facile et charmante, l'excellence au moins du premier mouvement. Lors même qu'elle se complaisait aux vaines élégances et aux raffinements extérieurs, elle restait au fond plus près de la nature. Le Français, même vicieux, gardait plus qu'aucun autre le bon sens et le bon cœur...

Puisse la nouvelle France ne pas oublier le mot de l'ancienne : « Il n'y a que les grands cœurs qui sachent combien il y a de gloire à *être bon !* »

> J. MICHELET, *Histoire de France : Le procès*
> *de la Pucelle*, ch. VI, 290.

⁂

« Comme le cœur bondit quand la terre natale,
Au moment du retour, commence à s'approcher,
Et du vaste Océan sort avec son clocher !
Et quel tourment divin dans ce court intervalle
Où l'on sent qu'elle arrive et qu'on va la toucher !

O Patrie ! ô Patrie ! Ineffable mystère !
Mot sublime et terrible ! Inconcevable amour !
L'homme n'est-il donc né que pour un coin de terre,
Pour y bâtir son nid, et pour y vivre un jour ? »

> ALFRED DE MUSSET, *Le Retour*.

⁂

« Qu'y a-t-il de plus doux que d'aimer la Patrie, et de plus cruel que de la perdre ! O amour du pays natal, don plus précieux que l'or, rien ne saurait t'étouffer, et tel est ton empire, que tu ramènes invinciblement et malgré eux, les émigrés vers le sol natal. »

> ROBERT BLONDEL.

« Combien j'ai douce souvenance
Du joli lieu de ma naissance.
Ma sœur, qu'ils étaient beaux, ces jours
De France!
O mon pays, sois mes amours,
Toujours! »

CHATEAUBRIAND, *Le pays natal.*

.·.

« Oui, tant qu'il y aura des Français sachant lire dans leurs annales, tant que des cœurs pourront battre au récit de cette grande épopée historique au travers de laquelle s'est formée de tant de grandeurs et de tant de sacrifices, de tant de douleurs et de tant d'héroïsme, cette unité française qui est notre force, notre salut et notre foi : tant que la Révolution française aura des fils reconnaissants ; tant que les grands jours de 1789 seront aux yeux des hommes l'aube la plus belle et la plus radieuse qu'ait jamais vu luire l'humanité, oui, tant que vivra le génie de la France, la gloire et l'œuvre de Michelet ne périront pas.

Est-ce seulement parce qu'il fut à la fois un grand savant et un grand artiste, le plus prodigieux des peintres et le plus laborieux des érudits, le génie le plus patient à la fois et le plus primesautier qui se soit appliqué aux études historiques? Parce qu'il fut un rare écrivain, un poète? Sans doute il fut tout cela, et il fut aussi un combattant, jetant dans la bataille des opinions humaines sa parole, sa personne et son bien, — car il était du peuple, il aimait à le redire, et il en avait gardé toute la chaleur d'âme, toute l'humeur vaillante et robuste, — il était tout cela et quelque chose encore : un patriote incomparable.

8

Michelet n'est pas seulement l'historien, il est l'apôtre et le prêtre de la Patrie.

L'amour, la passion, le culte de la Patrie française ont absorbé et résumé tous les cultes, tous les amours, toutes les passions de cette grande âme.

Il écrivait un jour au compagnon de ses travaux, au frère de son esprit et de son âme, à celui dont le nom va doucement lié au sien vers la postérité, au généreux Quinet : « Toute la variété de nos travaux a germé d'une même racine vivante : le sentiment de la France et l'idée de la Patrie. »

La Patrie française ! nul ne l'a plus aimée, parce que nul ne l'a mieux connue. Nul n'a plus que lui, et j'ose dire nul autant que lui, n'a vécu de sa vie, souffert de ses douleurs, pleuré sur ses catastrophes, triomphé de ses triomphes. Nul n'a accompagné d'un tel cœur et d'une telle clairvoyance, dans sa rude marche à travers les siècles, le vieux peuple de France qui s'éveille avec Jeanne, la sublime Lorraine que Michelet a faite immortelle, et qui monte, peinant sans cesse, ne reculant jamais, gravissant toujours, jusqu'aux cimes lumineuses de 1789.

La Patrie française ! nul n'a plus fait pour elle, puisqu'il lui a élevé dans l'esprit des hommes, à force de patience, de labeur et d'amour, un monument impérissable.

C'est pourquoi nous sommes ici. Pour donner à cet hommage le caractère national qu'il doit avoir, le gouvernement de la République a voulu s'y associer. Au nom de la République et de la Nation, *je salue celui qui dort sous ce tombeau.*

> *Discours de* M. Jules Ferry, *ministre de l'Instruction publique, à l'inauguration du monument de Michelet, 13 juillet 1882.*

« Que me servirait, comme à tout le peuple, que ma
Patrie fût puissante et formidable, si, triste et in-
quiet, j'y vivais dans l'oppression? »

                                        LA BRUYÈRE.

                    * *

« Sans doute il faut pleurer sur les maux de la
Révolution, mais il faut aussi verser des larmes sur
les maux qui l'ont amenée. »

                                        J. MICHELET.

                    * *

« L'enthousiasme de la République est le sentiment le plus élevé que l'homme puisse concevoir. »

                                        Mme DE STAEL.

                    * *

« Je vaincrai les ennemis de la République, et,
quand j'aurai sauvé la Patrie, je briserai mon épée. »

             Général HOCHE, extrait de *Vive la France!*

                    * *

« La France sans frontières, quand elle en avait
de si belles! C'est ce qu'il y a de plus poignant dans
les humiliations qui s'accumulent sur ma tête. La
laisser si petite, après l'avoir reçue si grande! »

             NAPOLÉON à Fontainebleau, *extr. id.*

                    * *

Sur l'initiative de M. Charles Edmond, quelques citoyens ont,
sous le nom de Gambetta, fondé à perpétuité, dans la commune
de Bellevue-Meudon, des prix spéciaux à décerner aux cinq élèves
les plus méritants des écoles. A la seconde distribution de ces
prix, M. Spuller, qui présidait la cérémonie, a prononcé sur le
grand homme dont il a été le fidèle ami et le collaborateur dé-
voué, un discours qui a vivement ému l'assistance. Il a développé

cette belle idée que, si on ne saurait élever les enfants pour en
faire de grands hommes, on peut du moins leur donner les qualités morales qui les rendent dignes plus tard de toutes les si-
tuations, si hautes qu'elles soient. C'est l'élévation de son cœur,
qui est le secret du génie de Gambetta.

« Gambetta, qui devenait par son travail l'un
des chefs de la génération des hommes à laquelle
il a appartenu, n'a jamais cru que les hasards
de sa vie l'amèneraient au point élevé où il s'est
trouvé un jour, porté par les événements, plus
forts que les hommes ; ce serait manquer à la vérité
que de dire qu'il n'a point donné à sa' cause tout
ce qu'il avait de meilleur en lui. Mais, pour être
digne de sa cause, quel labeur, quelles études per-
sévérantes, variées, profondes, de tous les instants
et sous toutes les formes! Il était prêt parce qu'il
était préparé. Les tâches les plus difficiles ne
l'ont pas surpris; mais qui eût jamais pensé qu'en
lui se trouvaient amassées, comme en une sorte de
trésor de réserve, tant de ressources extraordi-
naires de pensée et de volonté, tant de flamme
intérieure, tant d'énergie morale, une foi si vive,
une constance si indomptable dans les revers, une
sagesse si communicative devant les difficultés à
résoudre et, pour tout dire en deux mots, tant de
bonté unie à un génie si rare et si rayonnant? Ce
grand homme, mes chers enfants, s'ignorait lui-
même : il s'est dépensé, il s'est usé au service de la
Patrie sans se connaître, et nous qui l'avons suivi,
servi, aimé, nous ne le connaissons bien que depuis
qu'il nous a été enlevé par cette mort imprévue qui
nous a plongés dans un deuil inconsolable. Comment
donc expliquer son action, cette action irrésistible
qu'il a exercée?

Dans son court passage parmi nous, une seule explication est possible : Gambetta était un homme dans toute la haute acception de ce mot; c'était une intelligence largement cultivée et ouverte à tout; mais c'était aussi et avant toutes choses un cœur loyal, haut placé, ennemi du mensonge, de la lâcheté, de la bassesse; d'une fermeté invincible, d'une fierté personnelle inflexible, d'un courage indomptable; toutes les vertus ont éclaté en lui dès son apparition sur la scène tragique de nos malheurs. Il s'est trouvé ainsi, grâce à la forte éducation intellectuelle et morale qu'il s'était donnée, à la hauteur de tous les devoirs. Aussi, mes jeunes amis, quelle destinée ! Lui, Gambetta, ce plébéien, ce parvenu, ce fils pauvre, obscur, dédaigné, raillé, il a eu ce suprême rôle, en sa vie, d'être la voix vibrante qui a rappelé la France à elle-même, pour défendre son territoire et sauver son honneur. Que dis-je? il a tenu dans ses mains le cœur même de la Patrie, et il a eu cette gloire incomparable de l'approcher près du sien et de l'y réchauffer. »

Discours de M. SPULLER *à Bellevue, le 2 août 1885. — Extrait du journal* le Temps, *du 3 août.*

.*.

Discours de M. Henri Martin sur la tombe de Gambetta.

« Je viens, au nom d'un grand nombre de Sociétés patriotiques réunies, rendre un dernier hommage à celui qui animait de sa flamme tout ce qui s'efforçait de travailler au relèvement de la Patrie. Ne semble-

t-il pas qu'il y ait un renversement de l'ordre de la
nature lorsque le vieillard qui a déjà un pied sur le
bord de la tombe vient saluer les restes inanimés
de l'homme, tout à l'heure plein de force et de jeunesse, à qui paraissaient appartenir les grands des-
seins et les longues espérances ? Celui qui est appelé
au douloureux honneur de parler devant ce cercueil,
avait déjà vu se succéder plusieurs générations
d'hommes d'État, lorsque éclata, par un coup de
foudre, ce jeune homme inconnu la veille, illustre
le lendemain. La nouvelle destinée qui s'ouvrait, en
quatorze rapides années, a épuisé trois phases dont
chacune eût suffi à créer une gloire. Une quatrième,
qui devait couronner les trois autres, était attendue
de la France et du monde. Cette attente, hélas! est
trompée : le voilà tombé déjà dans l'histoire, cet
homme à qui il semblait promis de continuer l'histoire ! Le voilà qui prend sa place, avant l'âge, parmi
les grandes figures du passé, lui qu'on espérait
réservé à diriger l'avenir !

Qu'eût été, dans la seconde moitié de sa carrière,
celui dont la jeunesse avait suffi à ce triple rôle
historique, le puissant orateur de l'opposition républicaine contre l'empire, l'organisateur héroïque de
la Défense nationale contre l'étranger ; l'habile, le
persévérant, le victorieux directeur de la défense de
la République contre les factions du passé ? Par ce
qu'il a fait, nous avions cru pouvoir augurer ce
qu'il ferait.

Ce qu'il a fait dans la fatale guerre, demandez-le à
l'étranger, à l'ennemi. Là on lui a rendu cette justice que beaucoup lui refusaient dans sa Patrie. Il
a fait plus qu'une grande chose ; il a fait une chose
jugée impossible par les amis comme par les enne-

mis : il a improvisé des armées et, avec ces soldats
d'un jour, tenu quatre mois contre la puissance militaire la plus fortement organisée qu'il y ait au
monde. Il a sauvé l'honneur, a-t-on dit, c'est vrai ;
il eût sauvé nos chères provinces, si le crime de
Metz n'eût paralysé et livré cette armée si brave et
si malheureuse, cette ancienne armée dont l'armée
nouvelle honore la mémoire. Le cri de colère et de
désespoir que la chute de Metz arracha à Gambetta
retentira dans les siècles.

C'était le salut de la Patrie qu'on arrachait de ses
mains.

Il n'avait pu sauver la grandeur de la France : il
voulut du moins sauver la liberté qui doit rendre
un jour la grandeur. Il voulut sauver la République.

On n'admirera jamais assez ce qu'il déploya, dans
ce rôle nouveau, de génie et de patience, d'habileté
et de dévouement, d'énergie passionnée et d'esprit
de conciliation.

La conciliation, la tolérance lui coûtaient peu.
Cet homme, qu'ont poursuivi des haines aveugles et
furieuses, n'a jamais su haïr ; il ne péchait que par
excès de générosité.

On peut dire partout autour de lui ce qu'a dit un
grand royaliste d'un grand révolutionnaire : Il était
magnanime.

Ses qualités morales autant que sa supériorité
politique ont contribué à ce qui a été le fait capital
de cette période : le rapprochement et l'alliance du
directeur de la Défense nationale avec le libérateur
du territoire. M. Thiers et lui avaient été divisés,
quant aux moyens de servir la Patrie, ils se réuni-
rent dans un commun amour et une commune idée.
Le vieux patriote, en mourant, légua la France à

son jeune héritier, hélas ! qui ne devait pas garder
ce glorieux héritage ! Que de fois, dans les jours
difficiles, nous nous dirons : S'il était là !

Pas de faiblesse pourtant ! Nous le pleurons parce
qu'il était le « grand Français, » l'homme qui résu-
mait le mieux les qualités de la France.

Ces qualités se résument dans l'indomptable espérance, dans le ressort incomparable de notre natio-
nalité. Ces qualités, il ne les a pas emportées avec
lui. C'est la France qui les lui avait données ; elles
les avait avant lui : elle les garde après lui.

Oui, elle pleure celui que ses larmes sacrent
aujourd'hui du titre de grand homme ; mais elle se
sent, elle se sait capable de continuer, d'achever
après lui son œuvre. Le peuple français n'est pas un
de ces peuples qui jamais n'agissaient spontanément
si quelque forte main ne s'emparait d'eux pour les
entraîner malgré eux à la grandeur et à la puissance.
Le peuple français, lui, si les grands hommes viennent à lui manquer, sait agir par lui-même, par
sympathique élan, par volonté collective, comme un
corps à mille têtes qui n'a qu'un seul cœur.

Pour continuer, pour achever ce qu'il avait si
grandement commencé, que faut-il faire, mes chers
concitoyens ?

Deux choses entre toutes : achever l'éducation
nationale, fortifier, développer nos institutions répu-
blicaines.

L'éducation nationale ! Avec quelle joie il en avait
vu, il en avait excité les progrès. Ces sociétés, dont
j'exprime ici les regrets, la jeune ligue des Patriotes,
dont le nom dit assez le noble but : l'union des
cœurs français et des bonnes volontés, et la ligue
de l'enseignement déjà ancienne, qui a tant fait et

continue à tant faire pour l'instruction populaire, et la société d'instruction républicaine, qui a si bien lutté dans les jours de péril pour la République, et ces sociétés de tir et de gymnastique qui, de toutes parts, surgissent et nous préparent des citoyens soldats, toutes ces patriotiques associations, Gambetta leur prodiguait ses encouragements et son nom ; membre des plus jeunes, président honoraire de la plus ancienne.

L'éducation civique et militaire nous prépare, disais-je, des citoyens soldats prêts au service de la Patrie ; mais il faut qu'ils trouvent devant eux cette Patrie fortement organisée.

Ne nous laissons point entraîner aux vaines abstractions, aux utopies qui visent tous les peuples et ne s'appliquent à aucun ; cherchons ce qui convient au génie de la France et ce que réclament les nécessités de sa situation. Gardons-nous de relâcher les liens de cette unité nationale qu'ont faite les siècles, disons le mot, de cette forte centralisation politique qui, loin d'étouffer l'essor des libertés locales, doit s'appuyer sur elles, mais en gardant pour l'État, qui est la Patrie organisée, tout ce qui concerne les grands intérêts de la Patrie.

Celui que nous pleurons à cette heure, on l'accusait de rêver la dictature parce qu'il réclamait pour son pays un gouvernement intelligent et fort, comme s'il avait eu jamais une pensée qui se rapportât à lui-même et non à la France !

Ce pouvoir national, solidement établi, appuyé sur des institutions propres à élever le niveau des Assemblées et de tous les pouvoir publics, s'il le réclamait avec passion, c'est qu'il savait que ce n'est plus là seulement pour la France une question de préférence, mais une question de nécessité et, depuis l'année fatale et la mutilation de la Patrie, une question d'existence, une question de vie et de mort.

Il dépend de nous d'assurer sans retour cette existence, cet avenir de la Patrie. Ce que ma faible voix vous dit si imparfaitement, s'il était là, il vous le redirait avec sa voix pénétrante et sa foudroyante éloquence. Si (comme j'en ai le ferme espoir) là où est aujourd'hui sa grande âme, il garde, il ressaisit la conscience de ce qui se passe sur cette terre qu'il a tant aimée, il vous crie une fois encore :

« *Sursum corda!* En haut les cœurs! Debout, la France. »

HENRI MARTIN.

•
• •

Lendemain de la mort de Gambetta.

« La démocratie vient de perdre un bon serviteur, la tribune un orateur incomparable, la France un grand citoyen.

Devant ces deuils publics, les amis de Gambetta n'ont guère le droit de parler de leur douleur, et pourtant, plus d'un parmi eux, en suivant des funérailles glorifiées par la reconnaissance de la nation, sentira qu'il mène au tombeau sa propre jeunesse.

La postérité jugera l'œuvre de ce puissant ouvrier dont la courte et prodigieuse carrière offre les péripéties dramatiques d'une légende. Mais les survivants de cette génération dont Gambetta était l'âme à la fin de l'Empire, ceux qui ont senti la chaleur de cette merveilleuse nature, ceux qui ont goûté l'attrait de cette intelligence ouverte à tout et de ce cœur ouvert à tous, ceux qui ont connu sa probité, sa générosité, son désintéressement, peuvent bien opposer leur témoignage aux témoignages de l'infaligable calomnie. Ils livrent sans crainte son nom et sa vie aux investigations de l'histoire. Ils attestent qu'il fut un homme bon autant qu'un bon Français et qu'il est mort les mains pures, fidèle à l'amitié, à la République et à la Patrie.

Il avait presque toutes les qualités de l'homme d'État et, au plus haut degré, la bonne humeur, la cordialité entraînante et un admirable courage que rien ne pouvait plier ni déconcerter. Quand il s'était trompé sur les événements ou sur les hommes, il ne lui restait de ses déconvenues ni découragements, ni aigreur, ni rancune. Dans les plus grandes entreprises il portait une sorte de poésie héroïque et gaie comme la sonnerie du clairon qui cache le danger, soulage les fatigues et double la joie de la victoire.

Sa maturité nourrie d'expérience, fortifiée par la connaissance minutieuse des affaires, honorée de la confiance ou du respect des hommes d'État de l'Europe fera cruellement défaut au parti républicain. Mais la perte que nous venons de faire, et dont il est difficile de mesurer aujourd'hui l'étendue, sera adoucie si nous nous attachons à ce double mot d'ordre dans lequel on peut résumer la politique de notre illustre ami. Au dedans l'ordre; au dehors l'honneur. »

Extrait du journal « Le Temps » du 2 janvier 1883.

**

Allocution de HOCHE *aux soldats après la trahison de Dumouriez.*

« Eh bien, vous l'avez entendu! On vous abandonne et l'on vous livre parce que l'on craint de succomber avec vous. Ainsi la trahison cherche son excuse dans la lâcheté ; le crime veut s'absoudre par la honte. S'il en est parmi vous qui se troublent aussi devant un danger qu'on exagère, qu'ils répondent à l'appel de ces traîtres, et portent loin de nous la contagion de la peur. Le brave veut près de lui un brave qui le suive ou qui le venge. Hors des rangs ceux qui tremblent ! La force de l'armée est dans le courage, et non dans le nombre de ceux qui entourent le drapeau. »

BORDIER et CHARTON, *Histoire de France*.

**

« Tout pour la Patrie. Il faut l'aimer sans rivale ; il faut être prêt à lui sacrifier jusqu'à nos plus intimes préférences.

Patriote avant tout, je ne mets rien au-dessus de ce titre. »

L. GAMBETTA.

**

« Tout pour la France jusqu'à la mort. »
Paroles d'un général pendant la guerre de 1870-71.

**

« Souvenons-nous toujours que la Patrie, chez nous, est née du cœur d'une femme, de sa tendresse et de ses larmes, du sang qu'elle a donné pour nous. »

J. MICHELET.

**

« Servir sa Patrie par amour pour elle, et se trouver suffisamment récompensé lorsqu'on l'a servie. »

LAKANAL.

FIN.

INDEX ALPHABÉTIQUE

DES AUTEURS CITÉS

cisalpine, soumit la transalpine dans une guerre (58-50), qu'il a racontée dans ses *Commentaires*, puis revint à Rome s'emparer du pouvoir, alla battre Pompée a Pharsale en Thessalie, ses lieutenants Scipion et Labienus à Thapsus en Afrique, et ses fils Cnéïus et Sextus à Munda en Espagne. Resté seul maître et dictateur perpétuel, il fut assassiné dans le Sénat par des conjurés, à la tête desquels étaient Cassius et Marcus Brutus (44 av. J.-C.).

Charron (Pierre), moraliste français, ami de Montaigne, auteur du *Traité de la Sagesse* (1541-1603).

Chateaubriand (François-René, vicomte de), célèbre écrivain français, né à Saint-Malo en 1768, mort à Paris en 1848; auteur du *Génie du christianisme* (1802), des *Martyrs*, de l'*Itinéraire de Paris à Jérusalem*, et d'un grand nombre d'autres ouvrages politiques ou historiques.

Chilon, l'un des sept sages de a Grèce.

Cicéron (Marcus-Tullius), le plus célèbre des orateurs romains (107-43 av. J.-C.); consul l'an 63, il étouffa la conjuration de Catilina; dans la guerre entre Pompée et César, il prit parti pour Pompée; néanmoins, il rentra en grâce auprès de César dictateur, après la bataille de Pharsale. Dans la guerre qui suivit la mort de César, il se prononça contre Antoine, qui le fit proscrire et assassiner. Son frère Quintus fut un des lieutenants de César.

Cléobule, l'un des sept sages de la Grèce, régna à Rhodes.

Confucius, célèbre moraliste chinois (551-479 av. J.-C.).

Cornélius Népos, historien latin du 1er siècle av. J.-C., dont il nous reste les *Vies des généraux illustres*.

D

Danton, membre de la Convention et du Comité de salut public, né en 1759, mort sur l'échafaud en 1794.

Delille (l'abbé Jacques), poète français (1738-1813), traducteur de Virgile, auteur des *Jardins*, de l'*Imagination*, etc.

Desmoulins (Camille), avocat au Parlement de Paris, donna en 1789 le signal de l'insurrection qui fit tomber la Bastille; membre de la Convention, il soutint Danton contre Robespierre et mourut avec lui sur l'échafaud (1794).

Diogène Laërce ou de **Laërte**, hist. grec du IIIe siècle ap. J.-C., auteur *Des vies et des opinions des plus illustres philosophes*.

E

Ecclésiaste. Livre de l'ancien Testament attribué à Salomon.

Épicure, célèbre philosophe grec né près d'Athènes (344-270 av. J.-C.). Il enseigna d'abord à Mitylène, puis à Lampsaque et transporta son école à Athènes en 309. Épicure enseignait que le plaisir est le souverain bien de l'homme; mais il faisait consister le plaisir dans les jouissances de l'esprit et du cœur. Il expliquait l'univers par le concours fortuit des atomes, niait l'immortalité de l'âme et s'attachait ainsi à détruire par la racine toute superstition. Il avait acquis à Athènes un jardin où il réunissait ses disciples et vivait en commun avec eux, prêchant la vertu par son exemple. Il avait composé près de trois cents ouvrages dont aucun ne nous est parvenu. On a seulement de lui deux lettres et des fragments d'un *Traité sur la nature*.

Ésope, fabuliste grec, né en Phrygie, mort vers 700 av. J.-C. D'abord esclave, puis affranchi, il fut en faveur auprès de Crésus, mais fut tué par les Delphiens à cause de sa fable des *Bâtons flottants*.

F

Ferry. M. Jules Ferry, homme

politique français, né à Saint-Dié en 1832. Plusieurs fois ministre et deux fois président du conseil, il a attaché son nom a la réforme de l'enseignement primaire, par les lois sur la gratuité, l'obligation et la laïcité des écoles; on lui doit en outre la réunion à la France de la Tunisie, du Tonkin et de Madagascar.

Fustel de Coulanges (Numa-Denis), professeur et historien français, *est membre de l'Institut et naquit à Paris le 18 mars 1830.*

G

Gambetta (Léon-Michel), né à Cahors (Lot), le 3 avril 1838, mort à Ville-d'Avray (Seine-et-Oise), le 31 décembre 1882. Célèbre homme d'État, grand patriote et orateur illustre; *il ranima le courage des Français en* 1870, organisa des armées, tint tête six mois aux Prussiens; il a fondé la République. Sa mort prématurée fut un deuil pour la France. Le gouvernement décida qu'il lui serait fait des funérailles nationales. Un million d'hommes suivit le cortège funèbre. On plaça sur son cercueil un petit sac plein de terre d'Alsace, avec ces mots : *A Gambetta, l'Alsace violée, non domptée.*

H

Hoche (Lazare), général en chef des armées de la République française (1768-1797). Après avoir rapidement franchi les grades inférieurs, il *reçut à vingt-cinq ans le commandement* en chef de l'armée de la Moselle, battit les Autrichiens sous Wissembourg et les chassa de toute l'Alsace. A la suite de différends avec Pichegru il fut jeté en prison par ordre du Comité de salut public. Après le 9 thermidor il fut placé à la tête de l'armée de la Vendée et mérita le beau nom de *Pacificateur de la Vendée.* En 1797, comme général en chef de l'armée de Sambre-et-Meuse, il battit les Autrichiens à Neuwied, Ukerath et Altenkirchen. Il mourut peu après, à la suite d'une courte maladie d'entrailles.

Horace (Quintus Horatius Flaccus), célèbre poète latin (65-8 av. J.-C.), fut protégé par Mécène; auteur d'*Odes,* d'*Épîtres,* de *Satires* et d'un *Art poétique.*

I

Isocrate, orateur et rhéteur athénien, ouvrit à Athènes une célèbre école d'éloquence (436-338 av J.-C.).

K

Kléber, général français (1753-1800), remporta en Égypte la brillante victoire d'Héliopolis et fut assassiné au Caire.

L

La Bruyère (Jean de), célèbre moraliste français, auteur des *Caractères* (1645-1696).

La Fontaine (Jean de), illustre fabuliste, né à Château-Thierry (1621-1695).

Lakanal, membre de la Convention, prit une part active à la création de tous les établissements littéraires et scientifiques de la Révolution (1762-1845).

Lamennais (l'abbé de), célèbre écrivain français (1782-1854).

La Rochefoucauld (duc de), joua un rôle important dans les guerres de la Fronde contre Mazarin; il est l'auteur de *Mémoires* et de *Maximes* (1613-1680).

Leibnitz, savant illustre, né à Leipzig, inventeur du calcul différentiel (1646-1716).

Louis XII, fils de Charles d'Orléans et arrière-petit-fils de Charles V, succéda à Charles VIII (1462-1515); il acquit, puis perdit le Milanais.

Lucain, poète latin (30-65 ap. J.-C.), auteur de la *Pharsale,* poème sur la guerre civile entre César et Pompée. Il se donna la mort pour échapper au supplice que lui réservait Néron, jaloux de son génie.

Lucrèce, grand poète latin (95-51 av. J.-C.), appartenait à une famille de chevaliers; il fut le contemporain d'Atticus, de Cicéron, de Catulle et l'ami de Memmius. Il s'attacha à la philosophie d'Épicure qu'il glorifia dans son admirable poème *De la nature des choses*.

M

Manilius, poète latin de la fin du règne d'Auguste, auteur d'un poème sur l'astronomie.

Marc-Aurèle, empereur romain, fut adopté par Antonin et régna de 161 à 180 ap. J.-C. On a de lui un livre d'une morale pure, intitulé *A moi-même* ou *Pensées de Marc-Aurèle*. Son règne fut signalé par des guerres contre les Parthes et les Marcomans.

Marceau (le général), né à Chartres en 1769, s'engagea à quinze ans, fut nommé chef de bataillon des volontaires d'Eure-et-Loir à vingt-deux ans, puis général en chef à vingt-quatre ans. Il gagna (le 12 décembre 1793) sur les Vendéens la sanglante bataille du Mans. En 1794, comme général de division à l'armée de Sambre-et-Meuse, il se distingua à la bataille de Fleurus. En 1796, il protégea la retraite de Jourdan et avait déjà repoussé l'ennemi plusieurs fois lorsqu'il fut blessé mortellement près d'Altenkirchen, à vingt-sept ans. Ennemis et Français s'unirent pour lui rendre les honneurs militaires. Marceau était aussi remarquable par son humanité et son désintéressement que par sa bravoure et ses talents stratégiques.

Michelet (1798-1874), né à Paris. Le plus grand historien de notre siècle, serviteur passionné de la cause républicaine, patriote ardent ; en dehors de nombreux ouvrages de morale et de littérature il a laissé deux monuments impérissables : l'*Histoire de France* et l'*Histoire de la Révolution française*.

Mirabeau (Riquetti, comte de), le plus grand orateur de l'Assemblée constituante (1749-1791). C'est lui qui décida la Révolution en s'opposant (23 septembre 1789), à ce que les députés du tiers-état votassent séparément des deux autres ordres.

Molière (Jean-Baptiste-Poquelin, dit), le plus grand des poètes comiques français, né à Paris (1622-1673), fut directeur d'une troupe de comédiens qui s'installa d'abord au théâtre du Petit-Bourbon, puis dans la salle du Palais-Royal ; en 1665, Louis XIV l'attacha à sa personne avec une pension.

Montaigne (Michel *Eyquem* de), philosophe moraliste (1533-1592), fut conseiller au Parlement de Bordeaux, puis maire de cette ville. Il vint plusieurs fois à la Cour et fut très considéré de Henri II, de Catherine de Médicis, de Charles IX, qui le nomma gentilhomme de la Chambre et chevalier de Saint-Michel. Il fut le contemporain et l'ami de La Boëtie et de Pierre Charron. Montaigne s'est rendu à jamais célèbre par ses *Essais*, qui furent publiés la première fois à Bordeaux en 1580.

Musset (Alfred de), poète et auteur dramatique français (1810-1857).

O

Ovide (*Publius Ovidius Naso*), poète latin, un des plus beaux esprits du siècle d'Auguste, dont le chef-d'œuvre est les *Métamorphoses*, vécut tout d'abord dans l'intimité de l'empereur, puis encourut sa disgrâce. Il fut exilé à Tomes, sur les bords de la mer Noire, et y mourut en l'an 17 av. J.-C., sans avoir pu obtenir son rappel ni d'Auguste, ni de Tibère.

P

Pacuvius, vieux poète tragique latin (220 à 130 av. J.-C.).

Pascal (Blaise), grand géomètre et écrivain, né à Clermont-Ferrand (1623-1662), constata la pesanteur de l'air (1648) ; en 1654, il se retira à Port-Royal-des-Champs, où il composa ses *Provinciales* (1656-1657), et ses *Pensées*, publiées après sa mort.

Périandre, tyran de Corinthe, l'un des sept sages de la Grèce (625-585 av. J.-C.).

Perse, poète satirique latin (34-62 ap. J.-C.), dont il nous reste six satires.

Philostrate, sophiste grec, auteur de la *Vie d'Apollonius de Tyane*, etc., vécut du temps de Septime-Sévère.

Platon, philosophe grec, né à Athènes (429-347 av. J.-C.), disciple de Socrate, fonda une école de philosophie nommée l'*Académie*; il a exposé sa doctrine dans des *Dialogues* dont les plus importants sont le *Phèdre*, le *Phédon*, la *République*.

Plaute, poète comique latin, florissait vers la deuxième guerre punique. On a de lui vingt comédies. Molière en a imité deux, dans l'*Amphitryon* et l'*Avare* et Regnard une dans les *Ménechmes*.

Pythagore, philosophe grec, né à Samos (569-470 av. J.-C.), fit un long séjour en Égypte et à Babylone, puis revint dans la Grande-Grèce et fonda une école à Crotone. Il est l'inventeur de la *Métempsycose* et connut le vrai système du monde.

Q

Quintilien, rhéteur latin, auteur de l'*Institution oratoire*, rhétorique et plan d'études pour l'orateur (42-120 ap. J.-C.).

R

Regnard (J. François), célèbre poète comique français (1655-1709), dont les meilleures comédies sont le *Joueur*, le *Distrait*, le *Légataire universel*.

Rousseau (Jean-Jacques), philosophe, né à Genève (1712-1778), auteur d'un *Discours sur l'origine de l'inégalité parmi les hommes*, de la *Nouvelle Héloïse*, de l'*Emile ou l'Education*, du *Contrat social*, etc.

S

Sénèque, philosophe, né à Cordoue (2-65 ap. J.-C.), accompagna son père qui s'établit à Rome comme rhéteur. Exilé par Claude, il fut rappelé par Agrippine et chargé de l'éducation de Néron. Quand Néron fut monté sur le trône, Sénèque resta auprès de lui comme un de ses principaux ministres et réussit quelque temps, avec le concours de Burrhus, à contenir ce naturel féroce; mais bientôt l'empereur, se livrant à toutes sortes de crimes et de désordres, ne vit plus en lui qu'un censeur incommode. Il l'enveloppa dans la conspiration de Pison et lui envoya l'ordre de se donner la mort; le philosophe se fit ouvrir les veines et subit son sort avec une fermeté stoïque. On a de nombreux écrits philosophiques de Sénèque: les traités des *Bienfaits*, de la *Colère*, de la *Clémence*, de la *Tranquillité de l'âme*, de la *Brièveté de la Vie*, de la *Constance du Sage*, de la *Providence*, etc., et *124 Lettres morales* adressées à Lucilius.

Socrate, célèbre philosophe grec, né à Athènes l'an 470 av. J.-C., exerça d'abord la profession de sculpteur, mais la quitta bientôt pour se livrer aux sciences. Remplissant scrupuleusement tous ses devoirs de citoyen, il se distingua par son courage à la guerre en plusieurs occasions. Il donna l'exemple de toutes les vertus, soit publiques, soit privées et se signala par son désintéressement, sa générosité, son égalité d'âme. Néanmoins, il se fit par la hardiesse de ses censures de nombreux ennemis qui l'accusèrent de corrompre la jeunesse et d'introduire des divinités nouvelles. Il refusa de se défendre et fut, malgré son innocence, condamné à boire la ciguë. Il subit la mort avec une résignation admirable (400). Socrate compta parmi ses disciples Xénophon, Platon, Antisthène, Aristippe, Phédon, Euclide, Criton, etc.

Solon, législateur d'Athènes et l'un des sept sages de la Grèce (638-558 av. J.-C.).

Spuller, homme politique, ami de Gambetta, actuellement député.

Staël-Holstein (Mme de), fille de Necker (1766-1817), fut exilée par Napoléon Ier, visita l'Allemagne et se retira à Coppet, en Suisse. Elle ne rentra en France qu'après LouisXVIII. Ses principaux ouvrages sont *Corinne*, de *l'Allemagne*, *Considérations sur la Révolution Française*.

T

Térence, poète comique latin (194-158 av. J.-C.), dont les comédies les plus connues sont : l'*Andrienne* et les *Adelphes*.

Théophraste, philosophe grec, (374-287 av. J.-C.), disciple et successeur d'Aristote, auteur des *Caractères moraux* traduits en français par La Bruyère.

Thiers (Adolphe), né à Marseille (1797-1877). Ministre de l'intérieur et des travaux publics sous la monarchie de Juillet, fut deux fois président du Conseil (1836 et 1840). Élu député en 1863 et 1869 il s'opposa en vain à la déclaration de guerre contre la Prusse. — Premier président de la République après la conclusion de la paix, il triompha de la Commune et négocia la libération du territoire. A la suite d'un vote hostile de l'Assemblée nationale, il se démit de ses fonctions (24 mai 1873). M. Thiers a publié l'*Histoire de la Révolution* (1823-1827) et l'*Histoire du Consulat et de l'Empire* (1845-1862).

Tite-Live, historien latin né à

Padoue (59 av. J.-C., 17 ap. J.-C.), fut accueilli avec faveur par Auguste. Il écrivit une *Histoire Romaine* dont il reste à peine le quart.

V

Vauvenargues (marquis de), moraliste français (1715-1747), auteur d'une *Introduction à la connaissance de l'esprit humain, suivie de Réflexions et de Maximes*. Il avait fait les campagnes de 1734 et de 1741.

Vercingétorix, chef gaulois du pays des Arvernes, défendit Gergovie (près de Clermont, contre les Romains, fut assiégé par César dans Alésia. Obligé de se rendre, il fut conservé pour orner le triomphe de son vainqueur, puis mis à mort (46 av. J.-C.).

Voltaire (Arouet de), poète, philosophe, historien français (1694-1778), chef du parti philosophique du XVIIIe siècle.

X

Xénophon, né à Athènes (445-355 av. J.-C.), fit partie de l'expédition des Dix-Mille, qu'il a racontée dans l'*Anabase*, a exposé la doctrine de Socrate, son maître, dans l'*Apologie*, les *Mémoires de Socrate* et a donné dans ses *Helléniques* la continuation de l'histoire de *Thucydide*

Z

Zénon, de Citium (v. de l'île de Chypre), philosophe grec (358-260 av. J.-C.), enseigna à Athènes dans le *Portique* et fut le fondateur de l'école stoïcienne.

TABLE DES MATIÈRES

FIN DE LA TABLE DES MATIÈRES.

Saint-Denis. — Imp. Picard-Bernheim et Cie. — U. P. — 2899.